Aller-retour vers l’espoir : Le voyage du *Saint Louis*

Aller-retour vers l'espoir

Le voyage du *Saint Louis*

KATHY KACER

Traduction de Sophie DesHaies

Catalogage avant publication de Bibliothèque et Archives Canada

Titre: Aller-retour vers l'espoir : le voyage du Saint Louis / Kathy Kacer ; texte français de Sophie DesHaies.

Autres titres: To hope and back. Français

Noms: Kacer, Kathy, 1954- auteur.

Description: Mention de collection: Un livre commémoratif sur l'Holocauste pour les jeunes lecteurs | Traduction de : To hope and back : the journey of the St. Louis.

Identifiants: Canadiana (livre imprimé) 20250253801 | Canadiana (livre numérique) 2025025381X | ISBN 9781772604467 (couverture souple) | ISBN 9781772604474 (EPUB)

Vedettes-matière: RVM: Avedon, Lisa—Ouvrages pour la jeunesse. | RVM: Messinger, Sol—Ouvrages pour la jeunesse. | RVM: St. Louis (Navire)—Ouvrages pour la jeunesse. | RVM: Réfugiés juifs Allemagne—Ouvrages pour la jeunesse. | RVM: Juifs—Allemagne—Histoire—1933-1945—Ouvrages pour la jeunesse. | RVM: Enfants juifs pendant l'Holocauste—Ouvrages pour la jeunesse. | RVMGF: Biographies. | RVMGF: Livres documentaires pour la jeunesse.

Classification: LCC D804.34 .K3314 2025 | CDD j940.53/18—dc23

Publié sous la direction de Sheba Meland
Couverture et conception graphique par Melissa Kaita

Imprimé et relié au Canada

Second Story Press remercie chaleureusement le Conseil des arts de l'Ontario et le Conseil des arts du Canada pour leur soutien à la publication de ce livre. Nous remercions le gouvernement du Canada pour son soutien financier dans le cadre du Fonds du livre du Canada.

Funded by the Government of Canada
Financé par le gouvernement du Canada | Canadä

Publié par
Second Story Press
120 Carlton Street, Suite 412
Toronto, ON M5A 4K2
www.secondstorypress.ca

« Le monde semble être divisé en deux parties : les endroits où les Juifs ne peuvent pas vivre et ceux où ils ne peuvent pas entrer. »

— Chaim Weizmann*

Pour Lisa Avedon et Sol Messinger
Avec ma profonde gratitude

Avant-propos

AU PRINTEMPS 1939, l'Allemagne était devenue un endroit très dangereux pour les Juifs. Adolf Hitler était chancelier depuis 1933, et ses lois de Nuremberg avaient été adoptées deux ans après son arrivée au pouvoir. Cette liste de règles antisémites constituait la politique officielle du parti nazi d'Hitler. Elle décrivait les conditions terribles dans lesquelles les Juifs étaient autorisés à vivre. Elle restreignait les droits de la personne et juridiques fondamentaux de tous les Juifs allemands, et allait même jusqu'à les priver de leur citoyenneté.

Le premier camp de concentration, Dachau, était ouvert depuis mars 1933. Il avait été conçu à l'origine pour emprisonner les Juifs ainsi que les prisonniers politiques allemands, c'est-à-dire ceux qui s'opposaient au régime d'Hitler. Même si les horribles camps de la mort n'étaient pas encore opérationnels, Dachau servirait de modèle aux nombreux camps de concentration nazis qui allaient suivre.

Le 9 novembre 1938, les maisons juives de l'Allemagne nazie et de certaines parties de l'Autriche ont été pillées et saccagées. Plus de 1 600 synagogues ont été détruites, leurs vitres fracassées, puis elles ont été incendiées. Trente mille hommes juifs ont été arrêtés et emmenés dans des camps de concentration. Cet événement est connu sous le nom de *Kristallnacht*, soit la nuit de cristal.

Dans toute l'Allemagne, les Juifs craignaient pour leur sécurité face à la discrimination nazie, persuadés que tous ces événements — les lois de Nuremberg, la nuit de cristal, la création des camps de concentration — n'étaient que le début d'un plan délibéré visant l'extermination des Juifs de l'Allemagne, voire de toute l'Europe. Beaucoup ont essayé de partir, mais ont éprouvé de la difficulté. Pour entrer dans un autre pays, il fallait un visa et, à l'époque, de nombreux pays n'étaient pas disposés à accepter des Juifs. Ils craignaient d'être envahis par un flot de réfugiés juifs fuyant l'Europe.

En mai 1939, l'Allemagne était un pays au bord de la guerre. De nombreuses familles juives cherchaient désespérément un endroit sûr où vivre. Mais où? Et comment? Voici le récit véridique du voyage d'un navire à la recherche de la liberté pour ses passagers en ces temps désespérés, ainsi que l'histoire de Lisa et Sol, deux jeunes qui se trouvaient à bord de ce navire, le SS *Saint Louis*.

Lisa

ÇA DOIT ÊTRE le plus grand navire du monde. Il semble plus long que notre quartier et plus haut que dix maisons empilées les unes sur les autres. Sa coque est noire et il y a deux grandes cheminées peintes de bandes rouges, blanches et noires. Mutti dit qu'il a six ponts, mais ce ne sont que ceux que nous pouvons voir au-dessus de l'eau. Sous le niveau de l'eau, il y en a d'autres, ceux où l'équipage dormira et où nos bagages seront entreposés. « Notre cabine se trouve quelque part au sommet, a dit Mutti, en pointant vers le haut, avec les autres passagers de première classe. »

Je devrais être fébrile. Nous sommes sur le point de traverser l'océan. Je devrais sentir mon cœur battre dans ma poitrine à l'idée que nous serons en mer pendant deux semaines entières pour un voyage qui nous emmènera très loin d'ici. Des centaines d'autres passagers attendent avec nous sur le quai, pour la plupart des Juifs, comme ma famille et moi. Nous possédons tous des documents, soit des visas et d'autres papiers, qui nous permettront d'entrer à La Havane, la capitale de Cuba, où le navire se dirige. J'ai entendu Mutti et Oma dire que ces documents ont plus de valeur que tous nos bagages et notre argent réunis.

Peu après notre arrivée sur l'île de Cuba, nous irons aux États-Unis d'Amérique. C'est notre destination ultime. Mutti dit que c'est un pays où les gens sont heureux d'accueillir des Juifs comme nous. Tout cela devrait

Le navire *Saint Louis* a quitté l'Allemagne à partir de ce port à Hambourg.

me faire sauter de joie. Et oui, je suis curieuse de savoir à quoi ressemblera ce nouveau pays. Est-ce qu'en Amérique il y aura de beaux bâtiments anciens, comme ceux de Munich, d'où je viens? Est-ce qu'il y aura des parcs et des écoles que les enfants comme moi peuvent fréquenter, même si nous sommes juifs? Et, surtout, est-ce que l'Amérique est libre des soldats nazis qui patrouillent dans toute l'Allemagne à la recherche de Juifs à menacer et à arrêter? Ils sont même présents dans le port de Hambourg. Ces soldats ne sont pas sur le quai pour nous dire au revoir avec des banderoles nous souhaitant un bon voyage. Ils sont là pour s'assurer que nous sommes partis pour de bon. *Judenfrei*, c'est ce que l'Allemagne veut être : libérée des Juifs.

Je ne suis pas triste de laisser ces soldats loin derrière moi.

C'est le fait de partir, probablement pour toujours, qui me rend triste. J'ai peur de ne plus jamais revoir notre bel appartement d'*Elisabeth Strasse*. Il y a deux jours, lorsque j'ai regardé par la fenêtre de notre appartement du quatrième étage, j'ai compris que c'était la dernière fois que je voyais les tramways remonter en grondant la *Tenk Strasse*, avec des hommes, des femmes et des enfants accrochés aux marches et aux fenêtres. C'était la dernière fois que j'observais les gens se presser pour aller au travail. Et la dernière fois que je regardais, de l'autre côté de la rue, l'appartement de ma grand-mère, Oma Ida, qui y habite depuis aussi longtemps que je me souvienne. Au moins, je n'ai pas à lui dire adieu puisqu'elle est là, vêtue de ses vêtements de voyage, car elle nous accompagne pour cette traversée.

Je suis si triste de laisser derrière moi l'*Englischen Garten*. Depuis ma naissance, Paula, notre nounou, m'emmène presque tous les jours jouer dans ce magnifique parc situé près de ma maison. Il y a deux manèges dans le parc : le plus gros, pour les grands, avec des chevaux géants colorés, et le plus petit, pour les enfants comme moi. Je n'arrive pas à imaginer que je ne vais plus jamais monter ce manège. Que je ne vais plus jamais entendre la musique alors que nous tournons en rond et que j'ai le vertige, tellement le vertige que j'ai l'impression de tourner encore longtemps après la fin du manège. Dire adieu à l'*Englischen Garten* a été difficile pour moi. Mais dire au revoir à Paula a été encore plus difficile.

« Tu ne m'oublieras pas », a dit Paula en pleurant et me serrant fort contre les plis chauds de son corps. Je savais à quel point il était devenu dangereux pour des chrétiens comme Paula de travailler pour des familles juives comme la nôtre. Mais jamais Paula ne s'est souciée du danger pour elle ou pour sa famille. Elle nous a toujours aimés comme si nous étions les siens. Elle m'a aimée, *moi*. « Jamais, ai-je lancé en étouffant mes larmes contre son tablier. Peut-être que tu viendras nous rendre visite en Amérique? »

Paula a hoché la tête, mais je pense que c'était seulement pour me rassurer. Mutti se tenait près de moi, me regardant dire au revoir à Paula, sans rien dire. Mais je sais à quel point il était douloureux pour Mutti de laisser Paula derrière elle. Oma disait souvent que Mutti et Paula étaient presque comme des sœurs. Je ne suis pas certaine que nous reverrons Paula, et je sens une boule au fond de ma gorge.

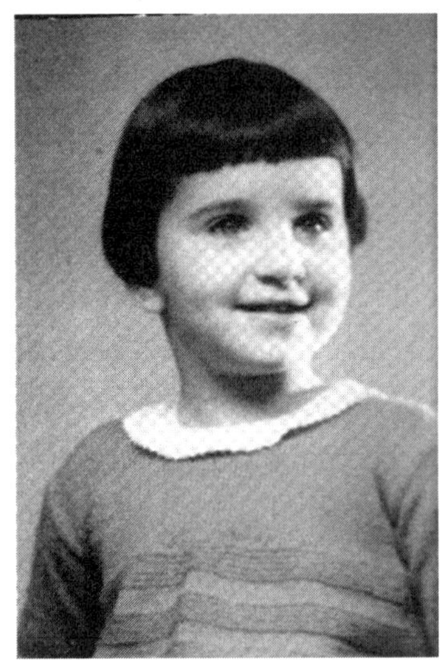

Lisa enfant.

La passerelle est maintenant ouverte. Il est temps de monter à bord du gigantesque navire. « Viens, Liselotte », m'appelle Mutti. Elle me prend la main et m'entraîne vers le hangar 76, un bâtiment où nous montrons aux officiers les documents qui nous permettent de quitter l'Allemagne et de voyager vers la liberté. Oma Ida se trouve juste derrière nous, avec mon frère Phillip. Les photographes prennent des clichés des passagers pendant que nous remontons la large passerelle. Je ne sais pas pourquoi. Peut-être que les nazis célébreront le départ de centaines de Juifs lorsque ces photos paraîtront dans les journaux. Tout au long de la montée, Mutti ne cesse de répéter à quel point elle est excitée et heureuse de quitter l'Allemagne, mais son visage raconte une tout autre histoire. Je vois l'inquiétude dans ses yeux et la déception qui a fait disparaître l'étincelle qui l'animait. Oui, elle aussi a peur de ce voyage, tout comme moi.

La dernière chose que Mutti a faite avant que nous quittions notre appartement a été d'enlever les étoiles de David jaunes sur chacun de nos vêtements. « Nous n'aurons plus besoin de les porter », a-t-elle dit en retirant le fil noir qui retenait les étoiles en tissu. Il n'y a pas si longtemps, je les avais regardées, elle et Oma, les coudre sur nos vestes, nos chemisiers et nos manteaux. Dès que nous aurons quitté l'Allemagne, nous n'aurons plus à être catalogués comme des Juifs en portant ces étoiles. Nous n'aurons plus à craindre que les gens dans la rue nous insultent et nous brutalisent à cause de notre religion.

Nous serons quatre dans notre cabine : Mutti, Oma, mon grand frère et moi. Nous avons toujours partagé une chambre à la maison. J'aime Phillip, après tout, c'est mon frère, mais ces jours-ci, il me parle à peine. Ses yeux louchent depuis sa naissance et je pense qu'il est en colère parce que les gens se moquent de lui. Cela arrive souvent en raison de la haine croissante envers les Juifs. Mutti a dit que nous devions être forts lorsque nous sommes pourchassés et insultés dans la rue. Mais Phillip a été deux fois plus harcelé. Non seulement parce que nous sommes juifs et que nous devons porter l'étoile jaune, mais aussi à cause de son apparence. Je me demande aussi si Phillip ne parle pas beaucoup parce qu'il se sent seul. Il est le seul garçon de notre famille maintenant. Mon papa me manque tellement que c'en est douloureux, et j'ai le sentiment qu'il manque encore plus à Phillip.

Des passagers à bord du *Saint Louis* regardent la côte allemande avant le départ du navire pour Cuba.

L'histoire de la mort de mon père est terriblement triste, si triste que je suis toute bouleversée rien que d'y penser. Papa travaillait dans l'entreprise familiale dont mon grand-père était propriétaire. Mutti disait toujours avec fierté que Berger und Röckel était la plus grande usine de cartes de vœux d'Allemagne. À table, nous entendions souvent dire que plus de 900 personnes travaillaient dans cette entreprise qui était la plus grande fierté de ma famille. Papa voyageait beaucoup pour l'entreprise, vendant des cartes et des catalogues dans d'autres pays d'Europe. En raison de la haine envers les Juifs, il profitait également de ces voyages d'affaires pour faire sortir en douce notre argent du pays, au cas où nous aurions besoin de partir.

Une des cartes de vœux produites par Berger und Röckel.

« On ne sait jamais ce qui peut se passer ici en Allemagne, nous disait-il. Hitler et ses soldats créent toutes sortes de problèmes aux Juifs. Je nous compose un petit pécule en Hollande, juste au cas où. » Je ne savais même pas ce qu'était un petit pécule, jusqu'à ce que Mutti nous explique, à Phillip et à moi, qu'il s'agissait d'une sorte de réserve que l'on met en lieu sûr jusqu'à ce que l'on en ait un jour besoin. Il était si judicieux, mon papa, de penser ainsi à l'avenir, même si ce qu'il faisait était très dangereux. Il nous avait chuchoté que la loi interdisait aux Juifs d'avoir des comptes bancaires dans d'autres pays, mais qu'il devait prendre le risque.

Lors d'un de ces voyages d'affaires, l'horrible Gestapo, la police secrète du parti nazi, est montée à bord du train dans lequel Papa voyageait. Tout contact avec les agents de la Gestapo était terriblement effrayant. Oma m'a dit un jour qu'ils avaient le pouvoir absolu de vie et de mort. Ils ont fouillé mon père et tous les autres Juifs et ils ont découvert les carnets de banque hollandaise, ceux qui contenaient notre petit pécule. Papa aurait pu être arrêté sur-le-champ, mais il a réussi à éviter d'être emmené. Tout le monde a toujours dit que Papa était si charmant qu'il pouvait se sortir de n'importe quelle situation, et c'est ce qu'il a dû faire avec les agents. Il est arrivé sain et sauf en Hollande. Mais il savait qu'il ne pourrait jamais, au grand jamais, nous revenir en Allemagne. Nous avons dû tellement lui manquer en Hollande, alors qu'il était tout seul, pensant qu'il ne nous reverrait peut-être jamais.

C'est à ce moment-là qu'il a mis fin à ses jours. C'est comme si les nazis l'avaient tué. C'est ce que je pense. Ils l'ont rendu si triste à l'idée de ce qu'il adviendrait de sa vie qu'il n'a pas eu d'autre choix que d'y mettre fin.

SOL

IL Y A UN GROUPE qui joue des chansons traditionnelles allemandes entraînantes. Mes parents disent qu'il est là pour nous souhaiter bon voyage. Nous nous sommes donc arrêtés juste devant les musiciens pour les écouter un instant, même si j'ai très hâte de monter sur le bateau.

« Est-ce que c'est l'heure d'embarquer? » je demande. Papa me tient fermement la main afin de m'empêcher de filer. Mais je tire sur son bras, essayant d'atteindre la passerelle.

« Bientôt, répond mon père. Reste tranquille, Salo. »

Je lève les yeux vers le haut, encore plus haut, puis encore plus haut pour voir toute la hauteur du paquebot. Je tente de voir le pont supérieur et la coque, aussi longue que deux terrains de soccer. Je sais quelle est la longueur d'un terrain de soccer, même si je ne suis pas très doué pour le sport. Je suis petit, comme mon père. Ma force se trouve dans mon cerveau. C'est ce que dit mon papa. Il m'a appris à lire et à écrire en hébreu avant même que je commence l'école.

Sol, enfant, en compagnie de ses parents.

Papa est tailleur. Il est parti de Pologne il y a des années pour venir en Allemagne. L'atelier de tailleur où il travaillait avec son frère, Adolf, se trouvait en dessous de chez nous, dans l'immeuble où nous habitions. Presque tous les jours, j'y passais du temps avec ma cousine Simi, la fille d'oncle Adolf et de tante Genia. Dans un coin de l'atelier, il y avait une plate-forme où les gens se mettaient pour essayer les costumes et les manteaux que Papa et oncle Adolf fabriquaient pour eux. Simi et moi nous asseyions sur la plate-forme et retirions les fils de faufilage qui se trouvaient dans le tissu, ceux qui maintenaient le vêtement ensemble jusqu'à ce que la couture finale soit terminée. C'était notre travail, et je faisais comme si j'allais devenir tailleur comme mon père. Le travail était amusant et les autres employés nous donnaient des bonbons, à Simi et à moi, lorsque nous avions terminé. C'était la meilleure partie. Ce sont là mes bons souvenirs de Berlin et de ma maison. Mais nous avons laissé tout cela derrière nous pour prendre le train jusqu'à Hambourg, pour un long voyage de l'autre côté de la mer.

Le père et la mère de Sol.

« Est-ce que notre cabine est là-haut? » Je pointe vers un pont qui se trouve à environ trente mètres au-dessus de l'endroit où nous nous tenons sur le quai. Je saute d'excitation et j'essaie d'entraîner mes parents, mais ils n'ont pas l'air pressés. Papa secoue la tête et montre du doigt un hublot rond juste au-dessus de l'eau.

« Les ponts supérieurs sont pour les riches. Nous resterons sur un pont inférieur avec les autres passagers de troisième classe. Nous avons déjà de la chance d'avoir des places », ajoute-t-il en nous lançant, à ma mutti et à moi, un regard plein de joie et de soulagement.

Et je sais qu'il a raison.

La première fois que je me souviens d'avoir ressenti ce que c'est que d'être juif et différent, c'était alors que je n'avais que quatre ans. Chaque samedi matin, le jour du sabbat, notre jour de repos et de prière, Mutti et Papa m'emmenaient au parc situé à l'angle de *Legiendamm* et de *Leuschnerdamm*, à quelques pas de notre maison à Berlin. J'avais très hâte à cette promenade, surtout parce que nous y retrouvions ma cousine Edith et ses parents, oncle Adolf et tante Frieda. Oui, j'ai deux oncles Adolf, mais ils ne pourraient pas être plus différents. Le ère d'Edith est très doux et parle d'une voix calme, tandis que mon autre oncle Adolf, celui qui travaille avec Papa, est plus nerveux et strict. Imaginez, mes deux oncles juifs portent le même prénom que l'homme qui déteste les Juifs, Adolf Hitler! Je suppose que leurs parents ne pouvaient pas prédire l'avenir.

Edith a un an de plus que moi, et elle n'est pas seulement ma cousine, mais aussi l'une de mes meilleures amies. Nos parents allaient s'asseoir sur l'un des bancs du parc, tandis qu'Edith et moi jouions, courant sur les pelouses et autour des chênes géants. Edith portait toujours un gros ruban blanc dans ses cheveux, qui flottait dans tous les sens alors que nous courions d'un bout à l'autre du parc. Je pouvais reconnaître Edith dans n'importe quelle foule, rien qu'à cause de cette grosse boucle blanche. Après avoir joué, nous choisissions notre propre banc où nous nous asseyions et parlions, juste nous deux, loin des adultes.

Sol pouvait toujours repérer sa cousine Edith grâce au gros ruban blanc qu'elle portait dans ses cheveux.

Puis, un jour, tout a changé. Une loi a été votée et les bancs du parc ont été peints de nouvelles couleurs, jaune pour les Juifs et vert pour toutes les autres personnes.

« Nous ne pouvons plus nous asseoir ici, Shloimele, a dit ma mère la fois suivante où nous avons rejoint au parc Edith et sa famille. Nous devons nous asseoir ici maintenant. » Elle a pointé du doigt l'un des bancs jaunes fraîchement peints.

Edith et moi avions maintenant le choix. Nous pouvions nous asseoir sur un banc jaune et laisser les enfants allemands se moquer de nous parce que nous sommes juifs, ou nous pouvions rester debout et faire comme si tout cela n'avait pas d'importance. J'ai fait un choix différent. Après cela, je n'ai plus voulu aller au parc. Même si je n'avais que quatre ans, j'ai compris que cette loi visait les Juifs, pour nous séparer des autres, pour nous différencier. La loi me visait, *moi*.

Et ce n'était que le début. Ensuite, tout est devenu plus dangereux pour nous. Nous ne pouvions pas faire nos courses dans tel magasin, ni manger dans tel restaurant, ni aller au cinéma, ni même nous promener seuls dans la rue. Ce dernier point n'était pas vraiment une loi. Mais si nous marchions seuls, il y avait de fortes chances d'être attaqués par des bandes avides de tabasser des Juifs, sans autre raison que notre religion. Les policiers ne faisaient rien. Ils restaient là à regarder : voir les gens nous frapper et déchirer nos vêtements était un divertissement pour eux. Je ne pouvais même pas jouer dans la cour de notre immeuble, parce que Mutti avait peur que les enfants allemands me frappent. Cela s'est produit une fois, et après, la cour m'était interdite. Je voyais Mutti devenir de plus en plus nerveuse. Je ne l'avais jamais vue ainsi.

Mais qui pourrait lui en vouloir? Après l'arrestation de Papa, j'étais tout ce qu'elle avait.

Cela s'est passé le 28 octobre 1938. Nous dormions tous quand on a bruyamment frappé à la porte. On sait quand on entend un tel martèlement au milieu de la nuit, que ce ne peut être que des ennuis. Personne ne vient au milieu de la nuit avec de bonnes nouvelles. Je me suis glissé hors de mon lit pour regarder derrière la porte du salon et j'ai vu deux policiers de la Gestapo entrer dans l'appartement. Ils ont ordonné à Papa de s'habiller rapidement.

« Où l'emmenez-vous? » s'est écriée Mutti. Elle s'était levée si vite qu'elle n'avait même pas eu le temps de coiffer ses longs cheveux noirs. Des mèches volaient dans toutes les directions.

« Taisez-vous! Ce ne sont pas vos affaires! » a aboyé l'un des policiers.

Je m'étais mis à pleurer. J'ai couru me mettre à côté de ma mère, puis j'ai commencé à crier aux hommes de ne pas emmener mon père.

« Si vous ne faites pas taire ce gamin, je vais le tuer », a lancé l'autre policier.

Il a dit cela si calmement, comme si la possibilité de tuer quelqu'un, même un garçon comme moi, était un événement quotidien. C'est alors que Mutti s'est penchée et a posé sa main sur ma bouche. Elle l'a maintenue là, pour étouffer mes cris, pendant que les hommes de la Gestapo conduisaient Papa hors de notre maison.

Le lendemain matin, Mutti et moi sommes allés au poste de police. Il y avait des dizaines, peut-être même des centaines de femmes et d'enfants qui se pressaient, essayant tous d'obtenir des informations sur leurs hommes, qui avaient également été enlevés au milieu de la nuit. Personne ne voulait poser trop de questions, car la police risquait de les remarquer et de les emmener aussi. Nous avons donc tous attendu et espéré des renseignements. Sur le visage de Mutti, on voyait encore le choc de la nuit précédente. D'habitude, ma mère se montre si calme et si digne. Mais ce matin-là, son visage était d'un blanc terreux et ses mains tremblaient alors qu'elle serrait les miennes.

Finalement, une annonce a été faite. « Tous les hommes juifs de nationalité polonaise ont été renvoyés en Pologne. » C'est tout ce que nous avons appris, et nous ne pouvions rien faire d'autre que de retourner dans notre appartement, seuls, Mutti et moi.

Il a fallu attendre plusieurs semaines avant de recevoir une lettre de Papa en Pologne. Durant cette période, Mutti était très nerveuse. Je pouvais à peine regarder son visage. La peur se voyait partout, dans ses yeux, sur sa bouche qui se crispait et se figeait, dans ses épaules qui étaient voûtées et remontées près de ses oreilles. Et j'ai commencé à avoir peur avec elle. Elle a essayé de me dire que Papa irait bien, que *nous* irions bien, mais j'avais du mal à la croire. Hitler avait ordonné à tous les Juifs polonais de quitter l'Allemagne. J'étais à peu près certain que, bientôt, il voudrait aussi se débarrasser de tous les Juifs allemands. Et cela signifiait nous.

Lorsque la première lettre de Papa est enfin arrivée, il expliquait qu'à son arrivée en Pologne, il s'était rendu à Cracovie et avait commencé à travailler comme tailleur. « Je vais essayer de vous envoyer de l'argent pour que vous puissiez vous débrouiller pendant mon absence. Soyez forts, disait la lettre. Je fais tout ce que je peux pour obtenir des papiers afin que nous puissions nous mettre en sécurité, ensemble. »

Nous avons trois valises que nous emportons avec nous d'Allemagne. Ce n'est pas grand-chose comparé aux nombreuses grosses malles, caisses et piles de bagages qui trônent sur le quai comme de petits immeubles alignés. Il doit s'agir des affaires que les riches passagers emportent avec eux. En vérité, il nous reste peu de choses. Pendant que Papa se trouvait au loin en Pologne, Mutti a dû vendre nos biens pour presque rien. Une partie de l'argent a servi à nous acheter de la nourriture. Mais elle m'a dit qu'elle mettait un peu d'argent de côté pour nous permettre de quitter le pays.

En octobre, mon oncle Adolf, ma tante Genia et ma cousine Simi sont partis pour les États-Unis d'Amérique. Ils ont eu la chance d'obtenir des papiers pour y aller. Mutti et moi les avons accompagnés à la gare pour leur dire au revoir. Mutti pleurait, et elle leur a dit que c'était en partie parce qu'elle était si triste de les voir partir, et en partie parce qu'elle aurait aimé que nous voyagions tous ensemble. Je pouvais voir le visage de Simi, un visage que je voyais presque tous les jours, dans la fenêtre du train qui s'éloignait. J'essayais d'être très courageux et de ne pas pleurer. La dernière chose dont je me souviens, c'est sa main qui me faisait au revoir.

En décembre, Edith et ses parents ont également quitté l'Allemagne. Eux aussi ont eu de la chance et ont réussi à obtenir des visas pour l'île de Cuba.

« Tu viendras bientôt », avait dit Edith, le soir où elle et ses parents étaient venus nous dire au revoir. « Cela prend juste un peu plus de temps pour vos papiers. » Edith est toujours si gentille, comme son père. Je savais qu'elle essayait de me réconforter et j'espérais qu'elle avait raison. « C'est tellement plus difficile d'organiser les choses parce que ton père n'est pas là, a-t-elle ajouté. Mais vous viendrez aussi, et en attendant, je vais trouver un parc à Cuba pour nous et nous y jouerons! »

Tante Rose, la sœur de mon père, vivait avec nous. Je partageais avec elle le salon de notre minuscule appartement. Elle dormait sur le canapé et moi sur un petit lit de camp que nous sortions tous les soirs. Même tante Rose a réussi à obtenir ses papiers pour Cuba avant nous. Elle m'a montré son passeport alors qu'elle préparait sa valise pour le train qui l'emmènerait à Hambourg, où elle embarquerait sur un navire. Tout ce dont je me souviens, c'est de la lettre rouge « J » tamponnée à côté de son nom, la couleur vive semblait presque sortir de la page. Il ne faisait aucun doute qu'il s'agissait d'une voyageuse juive. Lorsque tante Rose est partie, Mutti avait l'air de se sentir plus seule que jamais, même si je l'ai serrée dans mes bras et lui ai dit que j'étais toujours là.

Edith avait raison pour les papiers. Papa a mis plus de temps à organiser les choses depuis Cracovie, mais il a réussi! Finalement, une lettre est arrivée, disant que nos permis de séjour pour Cuba nous attendaient au bureau allemand de l'émigration à Berlin. J'y suis allé avec Mutti, faisant la queue avec d'autres familles juives à l'air effrayé. Le fonctionnaire allemand derrière le bureau n'était pas amical. Il nous a à peine regardés, Mutti et moi. En fait, lorsqu'il a finalement levé les yeux pour nous jeter un coup d'œil, sa bouche s'est tordue de dégoût, comme s'il ne supportait pas de se trouver si près de nous. Il a poussé les papiers vers Mutti, qui les a saisis, et nous nous sommes enfuis de ce bureau, soulagés d'être enfin de retour dans notre appartement, papiers en main. Mutti, Papa et moi pouvions maintenant embarquer pour Cuba.

Mais la veille de notre départ pour le port de Hambourg, il n'y avait toujours aucune trace de mon père.

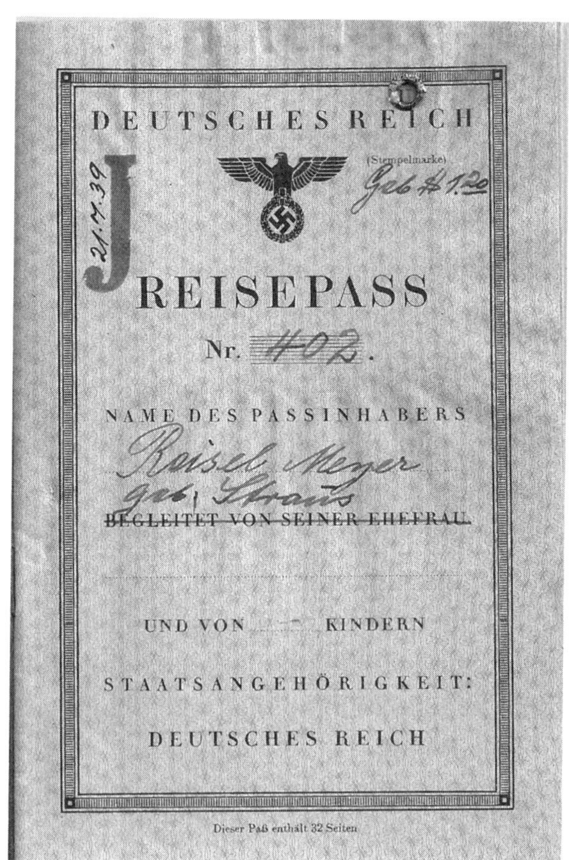
DEUTSCHES REICH

J

(Stempelmarke)

REISEPASS

Nr.

NAME DES PASSINHABERS

Reisel Meyer

geb. Strauss

~~BEGLEITET VON SEINER EHEFRAU~~

UND VON KINDERN

STAATSANGEHÖRIGKEIT:

DEUTSCHES REICH

Dieser Paß enthält 32 Seiten

Le passeport de tante Rose était estampillé de la lettre « J », la désignant comme une Juive. Son nom complet était Reisel Meyer.

« Qu'allons-nous faire s'il ne revient pas à temps, Mutti? » ai-je demandé.

Elle a secoué la tête. « Il m'a écrit que s'il n'était pas là, nous devrions partir sans lui. »

À ce moment, elle a détourné le visage. Je suis resté là sans rien dire, mais j'ai commencé à avoir des crampes au ventre. Je ne pouvais pas imaginer partir sans mon papa. Je suis allé dans le salon et je me suis jeté sur mon

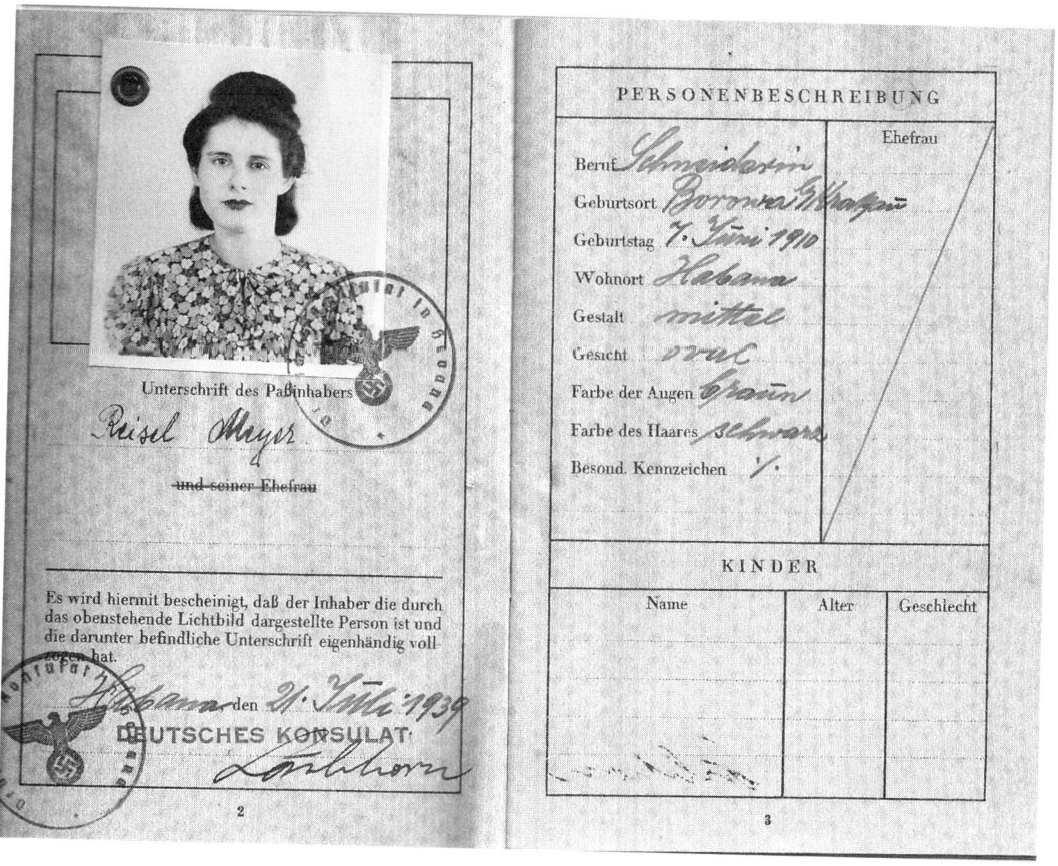

Unterschrift des Paßinhabers

Reisel Meyer

~~und seiner Ehefrau~~

Es wird hiermit bescheinigt, daß der Inhaber die durch das obenstehende Lichtbild dargestellte Person ist und die darunter befindliche Unterschrift eigenhändig vollzogen hat.

Habana den 21. Juli 1939

DEUTSCHES KONSULAT

2

PERSONENBESCHREIBUNG

		Ehefrau
Beruf	Schneiderin	
Geburtsort	Borowa	
Geburtstag	7. Juni 1910	
Wohnort	Habana	
Gestalt	mittel	
Gesicht	oval	
Farbe der Augen	braun	
Farbe des Haares	schwarz	
Besond. Kennzeichen	./.	

KINDER

Name	Alter	Geschlecht

3

Sol monte avec enthousiasme sur la passerelle du *Saint Louis*, suivi de sa mère.

petit lit, tremblant même s'il ne faisait pas froid. Nos trois valises étaient posées devant la porte, prêtes à partir avec nous à l'aube. Mutti avait dit et répété que nous allions dans un endroit où nous serions en sécurité et libres. Il n'y aurait pas de bandes attendant de battre des enfants juifs. Il n'y aurait pas de bancs publics où il m'était interdit de m'asseoir. Mais la seule chose à laquelle je pouvais penser, c'est que je ne voulais pas partir sans mon papa. Comment cette liberté pouvait-elle valoir la peine, si nous n'étions pas ensemble?

Vous ne le croirez pas, mais, tard cette nuit-là, un nouveau coup a soudain été frappé à la porte. J'ai entendu ma mutti crier. J'ai couru la rejoindre. Est-ce que c'était encore la Gestapo? Mais le visage de Mutti s'est illuminé, comme si elle reconnaissait ce coup et savait qui attendait derrière la porte. Elle l'a ouverte… et Papa se tenait là! Nous ne l'avions pas vu depuis sept mois. Il était plus maigre que dans mon souvenir et son visage était pâle. Mon papa a une cicatrice près d'un œil à la suite d'un accident survenu il y a des années. Cette marque ressortait encore plus sur son maigre visage chétif. Il avait presque l'air d'un étranger. Mais lorsqu'il a souri et m'a pris dans ses bras, j'ai su avec certitude que c'était Papa. Il était revenu parmi nous. J'ai voulu lui parler de la Pologne; comment était-ce là-bas? Ce soir-là, il n'a pas voulu me répondre et je ne lui ai jamais reposé la question.

Nous voici donc aujourd'hui sur le point d'embarquer sur ce paquebot pour notre voyage vers une nouvelle vie. Quelqu'un vient de prendre une photo de nous alors que nous remontons la longue passerelle. Nous passons sous l'énorme drapeau nazi qui flotte dans la brise. J'espère que c'est la dernière fois que je dois regarder cette chose hideuse avec son fond rouge sang et la croix gammée, cette croix noire épaisse avec les branches pliées. Je suis tellement excité de faire ce voyage à travers l'océan. Nous retrouverons

Edith et ses parents à Cuba, puis nous irons tous aux États-Unis. Mais ce qui me donne envie de crier de joie, c'est que nous sommes ensemble, Papa, Mutti et moi. Personne n'a été laissé derrière.

Lisa

AUJOURD'HUI, en remontant la passerelle, je me suis rendu compte que nous étions samedi. Je me suis rappelé à quel point j'aimais aller avec ma famille à la *Hauptsynagoge*, la synagogue principale de Munich, tous les samedis matin. Je m'asseyais avec Mutti et ma grand-mère dans la section des femmes, tandis que Phillip et Papa s'asseyaient en dessous de nous avec les autres hommes. Dès que nous étions assis, Oma ouvrait son livre de prières et commençait à lire, en suivant le rabbin Baerwald qui dirigeait l'office. Oma se balançait légèrement, d'un côté à l'autre, en récitant les bénédictions importantes pour elle, tandis que je regardais, me demandant si l'une de ces prières était pour moi.

Ses prières ne duraient que quelques minutes. Après cela, elle fermait le livre de prières et se détendait. C'était le signal que j'attendais. Alors, je m'approchais d'elle et de Mutti. Puis, jusqu'à la fin de l'office, elle et Mutti chuchotaient ensemble à propos des autres personnes présentes dans la synagogue.

Oma Ida, la grand-mère de Lisa.

« Tu vois la pauvre Mme Abelsdorff là-bas? Sa fille, vingt et un ans et toujours pas mariée. Qui sait si elle le sera un jour? »

« Et Mme Kaufmann? J'ai entendu dire que son fils allait devenir rabbin, mais maintenant il n'en est plus si sûr. Cela brise le cœur de sa maman. »

Les commentaires allaient et venaient tandis que j'écoutais, tendant le cou pour voir de qui elles parlaient. Jamais rien de blessant n'était dit sur quiconque. Il s'agissait simplement de leur moment pour se mettre au courant des ragots locaux, des nouvelles de la semaine. Et pour moi, leur bavardage était bien plus intéressant que les prières lentes qui se déroulaient en bas. La seule fois où Oma s'arrêtait de parler et écoutait, c'était lorsque le chantre entonnait certaines des plus belles prières, vers la fin de l'office. Ma grand-mère adore la musique des opéras. J'ai pratiquement grandi au son de cette musique diffusée par le grand phonographe de son salon. Et pendant que ses disques d'opéra tournaient sur le phonographe, personne n'avait le droit de parler ni même de bouger. Elle voulait que nous écoutions attentivement la « musique céleste », comme elle l'appelait. Je pense que certaines des magnifiques prières hébraïques rappellent à ma grand-mère ses opéras bien-aimés.

Nous avons le phonographe avec nous sur le bateau. Il est quelque part au fond dans la cale, avec toutes nos autres possessions que nous apportons de notre maison. Il y a d'énormes caisses remplies de meubles provenant de notre appartement, de tableaux, de carafes à vin en cristal, et même le service de table de Mutti pour douze personnes en porcelaine fine peinte à la main. Nos biens nous accompagneront, d'abord à Cuba, puis en Amérique, où ils rempliront les pièces d'une nouvelle maison.

« C'est comme si nous apportions un peu d'Allemagne avec nous, dit Mutti. Cela nous rappellera la vie que nous avons eue autrefois. »

Notre cabine est petite comparée à notre appartement à Munich, mais aussi belle que Mutti l'avait annoncé. La moquette au sol est épaisse et veloutée. Les lumières du salon ont une douce lueur. Oma dit que les stewards viendront tous les soirs préparer les lits et rabattre les riches couvre-lits brodés et les draps soyeux et pâles. Il y a un grand lit d'un côté de la pièce pour Mutti et Oma et des lits superposés de l'autre côté. Mon frère grimpe tout de suite dans celui du haut. Nous n'avons pas discuté de quel lit serait le sien et lequel serait le mien. Ce n'est pas grave. J'aime bien ma couchette du bas. C'est un cocon sombre et tranquille, mon espace privé. C'est un endroit parfait pour mes poupées. J'en ai emmené deux avec moi pour ce périple. Elles ont toutes deux un visage de porcelaine et portent des robes de soie élégantes que je leur ai mises pour le voyage. L'une de mes poupées a de longues tresses brunes. Mes cheveux sont courts. Mais un jour, je les laisserai pousser et je les tresserai comme ceux de ma poupée.

J'ai aussi apporté des livres, certains de mes préférés, dont *Madeline* de Ludwig Bemelmans. Je l'ai lu des dizaines de fois, mais cela n'a pas d'importance. À la fin de ce voyage, je l'aurai lu des dizaines d'autres fois! Mes livres et mes poupées me tiendront compagnie pendant les deux prochaines semaines. Mutti dit qu'il y aura d'autres enfants à bord, mais cela ne m'intéresse pas tellement. Parfois, je suis timide avec de nouveaux enfants. Je lirai, j'habillerai mes poupées et je rêverai à ce que sera notre vie à Cuba, puis dans

Des tableaux, des meubles et des objets de cristal ne sont que quelques-uns des biens que la famille de Lisa a emportés sur le *Saint Louis*.

ce grand pays qu'on appelle les États-Unis d'Amérique. D'ailleurs, Mutti est là pour me tenir compagnie, tout comme Oma, et peut-être Phillip aussi, s'il sort de sa coquille. Ils seront mes amis pendant la traversée de l'océan.

Après avoir défait nos bagages, Mutti nous demande de monter sur le pont pour que nous puissions regarder le bateau s'éloigner de la jetée. Je ne veux pas quitter notre cabine. Je dois installer mes poupées sur mon lit pour qu'elles soient à l'aise pendant le long voyage. Mais Mutti m'appelle.

« Viens, Liselotte. C'est la dernière fois que tu pourras regarder les rivages de l'Allemagne », dit-elle.

Je mets donc mes poupées et mes livres de côté et je la rejoins, ainsi que ma grand-mère et Phillip. Nous nous hâtons avec les centaines d'autres passagers. Certains, comme nous, sont vêtus de leurs plus beaux habits de voyage. D'autres portent des vestes et des pantalons qui ont l'air très vieux et des chaussures en mauvais état. Il y a des familles religieuses, les hommes à la longue barbe, les femmes aux cheveux couverts d'un foulard et les petits garçons qui courent avec leurs longues papillotes bouclées qui volettent. Et il y a des familles avec des enfants qui me ressemblent. Oma dit à Mutti : « Peux-tu croire que presque tous les passagers de ce bateau sont juifs? Nous n'avons jamais été entourés d'une telle foule de familles juives, pas même pendant la période des jours redoutables à notre synagogue. »

En général, tout le monde a l'air heureux. Je suppose que toutes ces familles juives sont soulagées de quitter l'Allemagne. Mais je vois plusieurs femmes qui pleurent. Et les enfants qui se tiennent à côté d'elles ont l'air effrayés, comme s'ils avaient perdu leurs parents, alors qu'ils se trouvent là.

« Bonjour, jeune *Fräulein*. Y a-t-il quelque chose que je puisse faire pour vous? » Un homme parle, et au début, je ne me rends pas compte qu'il s'adresse à moi, et qu'il m'appelle « jeune fille ». Ma mère m'incite gentiment à répondre. « Non merci, *mein Herr*, lui dis-je avec la même politesse. Tout va bien, monsieur. »

L'homme sourit et fait un clin d'œil avant de se retourner et de passer au passager suivant. C'est l'un des stewards. Je vois d'autres marins et membres

De nombreuses cartes postales comme celle-ci ont été produites du *Saint Louis*.

d'équipage transporter les valises des passagers, aider certaines personnes âgées et porter de grands plateaux d'argent remplis de boissons qu'ils offrent à tout le monde sur le pont. Tous ces membres d'équipage sont polis et amicaux. Ils s'inclinent et parlent de manière très respectueuse aux passagers, les appelant « monsieur » et « madame ». J'entends une dame à côté de moi dire qu'elle n'a pas été traitée avec autant de gentillesse depuis des mois. Les Juifs ont été montrés du doigt, moqués et même emprisonnés, simplement en raison de leur religion, *ma* religion. Mais plus maintenant.

« Nous allons enfin être traités comme de vraies personnes », dit ma grand-mère. Elle sourit et lève fièrement la tête. Elle est si belle, ma oma, si digne, tout le monde le dit. Et jamais elle n'a l'air aussi triste que Mutti, même si mon Opa, son mari, est mort il y a de nombreuses années. Je suppose qu'elle a eu plus de temps pour s'habituer à être sans lui. Après tant d'années seule, la tristesse s'adoucit, m'a-t-elle dit un jour.

Soudain, je vois un homme à l'allure importante s'avancer vers nous sur le pont. Il porte un bel uniforme noir, avec des galons dorés sur les épaules de sa veste à boutons. Il porte une casquette noire de la marine sur la tête. Ce qui paraît choquant, c'est qu'avec sa petite moustache sombre, il ressemble un peu à Adolf Hitler, du moins d'après les photos que j'ai vues de lui. Mais je sais que l'homme en face de moi n'est pas Hitler. Cet homme a un visage aimable. Il marche d'un pas assuré et rapide, les mains jointes derrière le dos et salue les passagers d'un léger signe de tête.

« C'est le capitaine, Liselotte! » murmure ma mère. Mais elle n'a pas besoin de me le dire. Même s'il n'est pas très grand, il a l'air d'être la personne la plus importante du bateau. Les stewards et les autres membres de l'équipage le saluent à son passage, et la foule des passagers s'écarte pour le laisser passer. Je l'observe monter les escaliers. Philip nous explique que

F

I. Klasse

Name	Vorname	
Falkenstein	Max	II/2
"	Hilda	3
Feig	Werner	XXV/12
Finkelstein	Tina ~~Susanne~~	XVIII/1
Fischer	Johanna	XXVIII/21
"	Hans-Hermann	22
"	Ruth	23
Fraenkel	Hans	XIV/99
Frank	Manfred	IX/94
Freiberg	Rusla ~~Regina~~	IX/34
"	Herta	35
"	Gisela	36
Freund	Terese	XV/19
"	Philipp	20
"	Lieselotte	21
~~Fried~~	~~Engelbert~~	~~XIV/78~~
Friedheim	Alfred	XVIII/11
"	Hertha	12
~~Friedmann~~	~~Amalie~~	
~~"~~	~~Bruno~~	
~~"~~	~~Georg~~	
~~"~~	~~Lillian~~	
Fuchs-Marx	Walther	XIII/31
"	Anna	32
Fuld	Julie	XXIV/57
"	Ludwig	58
"	Hans	59
Friel	Engelbert	XXVII/10

Tour. Klasse

Name	Vorname	
Falk	Eugen	III/40
Fanto	Julius	III/20b
Feilchenfeld	Alice	XVII/14
"	Kind Raffael	18
"	Wolf	15
"	Berta	16
"	Heinz	17
Fink	Manfred	II/18a
"	Herta	b
"	Michael	c
Fischbach	Jonas	IV/68
"	Amalia	67
"	Moritz	66
"	Amalia	69
Flamberg	Braudla	V/29a
"	Fella	b
Fränkel	Leon	VII/9a
"	Alice	b
Frank	Max	II/11
"	Moritz	V/8a
"	Clara	b
"	Ursula	c
"	Siegfried	XVII/3
Frankfurter	Lilly	XX/8
Friedemann	Walter	III/109
Friedheim	Edith	II/21
Friedmann	Rosi	VII/2a
"	Eva-Ruth	b
"	Willy	V/8
Fröhlich	Max	X/24

30

I. Klasse

Name	Vorname	
Gabel	Heinrich	XV/94
"	Beate	95
"	Gerhard	96
Gaubitz	Max	XII/9
"	Martha	10
"	Heinz	11
Glade	Bruno	XXVIII/11
Glass	Herbert	IX/11
Glücksmann	Hans	XXVIII/27
"	Margarete	28
Goldbaum	Anna	IV/66
Goldberg	Wilhelm	XX/76
Goldschmidt	Adolf	XXIV/49
"	Gerda	50
"	Inge	51
"	Lore	52
Gottschalk	Jacob	XIII/3
"	Regina	4
"	Erika	5
"	Charlotte	6
Grünstein	Heinz	IX/43
"	Gerd	44
Grünthal	Else	XXIII/12
"	Walter	XII/7
"	Margarete	8
"	Ruthild	9
"	Sibyll	10
"	~~Wolf~~ Adolf	11
"	Bertha	12
"	Lutz	13
"	Horst	14
Gutmann	Martha	XXIV/61
Guttmann	Sally	IV/45
Guttmann	Ruth	46

34

Tour. Klasse

Name	Vorname	
Gelband	Benjamin	XVI/115
"	Chana	116
Gerber	Rosa	XXV/90
"	Ruth	91
~~Gimenez Espinosa~~	~~José~~	
Glaser	Arthur	I/10
Glaserfeld	Max	V/10a
Glücksmann	Heinrich	III/89
Goldreich	Rudolf	III/119
"	Therese	120
Goldschmidt	Alex	V/5a
"	Helmut	c
"	Else	XXI/1
"	Fritz	2
Goldstein	Hermann	XV/91
"	Recha ~~Rita~~	92
"	Heinz	93
Gottfeld	Julius	I/38
"	Rosa	I/39
Gotthelf	Fritz	XVII/5
"	Käte	6
Gottlieb	Sally	I/11
Greilsamer	Erich	XV/76
Greve	Walter	XVI/1
"	Johanna	2
"	Heinz	3
"	Eveline	4

le capitaine se rend sur la passerelle de navigation, le pont supérieur où il prendra la barre. Il semble que Philip a étudié tous ces termes de navigation. Il dit que le capitaine est prêt à prendre le commandement du navire et à le faire naviguer avec l'aide de son équipage. Nos vies sont maintenant entre ses mains.

Je sens un léger mouvement sous moi. Nous partons! Je me presse contre le bastingage pour regarder le SS *Saint Louis* s'éloigner de la jetée et commencer à naviguer vers la mer. Un bruyant coup de corne retentit et les gens sur le pont commencent à applaudir. Je crie : « Nous partons, Mutti! » Il est 20 heures, la fin du sabbat, le samedi 13 mai 1939.

GAUCHE : Les noms de la famille Freund, Lisa, Phillip et leur mère, figurent sur cette partie de la liste des passagers du navire.

SOL

JE VOIS LES LUMIÈRES de Hambourg devenir de plus en plus faibles et s'évanouir tandis que le *Saint Louis* sort lentement du port. Pour un paquebot aussi grand, je suis surpris par la douceur avec laquelle nous nous éloignons. Le navire se déplace comme s'il glissait sur de la glace. Cela me rappelle la fois où nous sommes allés en vacances en mer du Nord. Beaucoup de mes proches étaient là : mes tantes, mes deux oncles Adolf, ma cousine Simi, ma tante Rose et d'autres encore. Edith et moi avons pagayé dans une petite barque qui fendait les vagues de la mer avec un léger roulis, tout comme le *Saint Louis* alors qu'il quitte le port. C'était à une époque plus heureuse, lorsque nous n'aurions jamais imaginé que nous pourrions fuir l'Allemagne à bord de ce gigantesque navire. Je me demande si la traversée se fera aussi en douceur une fois que nous serons en pleine mer.

Sincèrement, peu m'importe si le voyage est mouvementé ou si nous voguons dans une tempête, je suis simplement heureux de partir. Je pense que j'ai vécu en Allemagne pendant trop longtemps déjà. J'ai vu assez de problèmes ici. Mon esprit retourne une fois de plus sur les semaines et les mois atroces avant aujourd'hui. Le 9 novembre, une semaine après l'enlèvement de Papa, Mutti m'a annoncé à mon réveil que je n'irais pas à l'école ce jour-là…

« Des choses terribles se sont produites la nuit dernière pendant que tu dormais, Shloimele. Tu vas rester à la maison avec moi aujourd'hui », a-t-elle dit alors que j'entrais dans la cuisine. Mutti était assise à la table, encore en chemise de nuit. « Je ne sais pas comment tu as fait pour dormir. Mais je suis contente que tu aies réussi », a-t-elle ajouté rapidement en levant des yeux inquiets.

« Qu'est-ce qui s'est passé? Pourquoi n'y a-t-il pas d'école aujourd'hui? » J'ai couru à la fenêtre pour regarder la rue. On aurait dit qu'un tremblement de terre avait frappé Berlin. Bien sûr, je n'ai jamais vu de tremblement de terre, sauf sur les photos des magazines ou dans les films d'actualités qui passent au cinéma. Mais, c'est ce à quoi cela ressemblait. Des bouteilles cassées, des pierres et d'autres déchets jonchaient les rues et les trottoirs devant mon appartement. Des dizaines de fenêtres des immeubles situés de l'autre côté de la rue étaient brisées. De sombres nuages de fumée planaient sur la ville, où des incendies brûlaient encore.

« Ils disent que c'était un raid visant les Juifs dans toute l'Allemagne », a déclaré Mutti en venant se placer près de moi. « Ils l'appellent "la nuit de cristal", parce que tant de bâtiments ont vu leurs fenêtres voler en éclats cette nuit. Nous avons de la chance d'être en sécurité. J'ai entendu dire que des milliers d'hommes juifs ont été arrêtés. Personne ne sait où ils ont été emmenés. » Même si Mutti parlait d'un air calme, je savais qu'elle ne l'était pas du tout. Je savais que Mutti avait très peur. J'ai immédiatement pensé à Papa. Nous n'avions toujours pas de nouvelles de lui. Nous n'avions aucune idée de l'endroit où il avait été emmené, ni même s'il était encore en vie.

Quelques jours plus tard, Mutti a appris que mon école avait rouvert ses portes et que je pouvais retourner en classe. Nous avons marché ensemble ce matin-là, sans rien dire. Mutti serrait ma main dans la sienne et me tirait nerveusement. Dans les jours qui avaient suivi l'attaque, la ville avait nettoyé les débris de verre et les ordures qui jonchaient les rues. Les enfants jouaient à la tague et riaient sur le chemin de l'école, et la circulation vrombissait comme d'habitude. En apparence, les choses semblaient être revenues à la normale. Mais pour moi, « normal » commençait déjà à être un mot étrange. Aujourd'hui, être normal, voulait dire être sans Papa. Cela signifiait que les Juifs pouvaient être malmenés et arrêtés sans raison. Pour certains, Berlin était peut-être revenu à la normale, mais, pour moi, tout semblait complètement *anormal.*

Puis nous sommes arrivés à mon école. Elle se trouve à côté de la synagogue où j'avais l'habitude d'aller tous les samedis matin avec mon père, jusqu'à ce qu'il soit enlevé. J'avais de si bons souvenirs de mes trajets avec mon père jusqu'à la synagogue. Il me posait des questions sur ce que j'apprenais à l'école, puis nous parlions de nos vacances en mer du Nord et du moment où nous pourrions y retourner avec toute la famille. Ce matin-là, alors que Mutti et moi approchions de l'école, j'ai senti l'odeur des décombres avant même que nous ayons tourné le coin de la rue et vu les ruines. La synagogue avait été réduite en cendres. Il ne restait que des gravats fumants et une horrible odeur de bois et de tissu brûlés qui emplissait l'air et me brûlait la gorge et les narines. Mutti et moi avons toussé et toussé encore, plantés là en état de choc.

« C'est peut-être une bonne chose que ton papa ne soit pas là pour voir ce qu'est devenu notre beau lieu de culte. » La voix de Mutti semblait calme et amère. Une fois de plus, je constatais à quel point on détestait les Juifs de ma ville; qu'on *me* détestait.

C'est pour ça que je suis si soulagé que nous soyons tous ici, sur le pont du *Saint Louis*, à regarder le quai de Hambourg devenir de plus en plus petit au loin. J'ai presque envie de pousser un cri de joie et de brandir mon poing vers le rivage. Mais quelque chose m'arrête. Papa pleure à côté de moi.

« Tous nos proches, dit Papa alors que des larmes coulent sur ses joues. Il y en a encore tellement qui sont restés derrière. Dieu seul sait quand, ou même si, nous les reverrons un jour. »

Mutti pleure aussi, mais je pense qu'elle est aussi reconnaissante que moi et que ce sont des larmes de soulagement. C'est ce que je ressens en regardant les dernières lumières de l'Allemagne vaciller au loin, puis disparaître. Il n'y a plus que l'obscurité de la mer. Cette douce noirceur semble tellement plus sûre que les lumières que nous avons laissées derrière nous. Le navire prend de la vitesse et une brise fraîche commence à souffler sur mon visage. Le ciel est si clair qu'on dirait qu'il y a des millions d'étoiles au-dessus de moi. Je peux sentir l'odeur du sel dans l'air marin, mélangée à quelque chose de bon qui se prépare dans les salles à manger en dessous. Je prends une grande inspiration et la relâche lentement.

CE QUE SAVAIT LE CAPITAINE

L'ANTISÉMITISME, c'est-à-dire la haine insensée et la discrimination à l'encontre de Juifs innocents, était présent en Europe et dans d'autres parties du monde depuis de nombreuses années. Mais dans les années 1930, sous la direction d'Adolf Hitler et de son parti nazi, l'antisémitisme a connu une forte augmentation en Allemagne. C'est dans ce contexte d'hostilité manifeste à l'égard des Juifs que le capitaine Gustav Schroeder est monté sur la passerelle d'un navire allemand à Hambourg, le SS *Saint Louis*, et l'a préparé à prendre la mer. Le navire, lequel appartenait à la Hamburg America Line (Hapag), était un grand et luxueux paquebot de six étages. Les 937 passagers à bord étaient pour la plupart juifs et les ordres du capitaine étaient de naviguer jusqu'à La Havane à Cuba, où ces passagers devaient débarquer. Le capitaine Schroeder avait été informé que 899 Juifs, lesquels fuyaient l'Allemagne contrôlée par les nazis, devaient embarquer à Hambourg. Ensuite, le bateau devait se rendre à Cherbourg, en France, pour récupérer 38 autres Juifs. Parmi les passagers, six d'entre eux n'étaient pas juifs, soit

Le capitaine Gustav Schroeder était déterminé à offrir à ses passagers juifs une traversée sécuritaire et agréable.

un couple cubain et quatre Espagnols. Ceux-ci avaient simplement acheté leur place sur le navire et voyageraient avec tous les autres.

Tous les passagers juifs étaient munis de permis leur permettant d'entrer à Cuba. La plupart des passagers avaient acheté ces permis à un prix très élevé, auprès du directeur de l'Immigration de Cuba, un homme nommé Manuel Benitez. Il a été dit qu'une grande partie de l'argent de ces permis de séjour s'est retrouvée dans les poches de Benitez. Pour tous ceux qui se trouvaient à bord, cela en valait le prix. Ces précieux documents leur permettraient d'entrer à Cuba, même si la plupart d'entre eux espéraient se rendre un jour aux États-Unis. En fait, 734 des passagers à bord avaient également des visas pour les États-Unis. Mais, comme le nombre de Juifs ou d'autres immigrants autorisés à entrer aux États-Unis était limité par un quota, chaque visa portait un numéro. Les détenteurs de visas devaient attendre que leur numéro soit appelé avant d'être autorisés à entrer dans le pays, ce qui pouvait prendre de trois mois à trois ans. C'est pourquoi les documents cubains étaient essentiels. Les détenteurs de visas attendraient à Cuba que leur numéro soit appelé.

Beaucoup de voyageurs à bord étaient riches, mais un plus grand nombre avait à peine réussi à rassembler l'argent nécessaire pour quitter le pays. Certains avaient même été libérés ou s'étaient échappés du camp de concentration de Dachau et fuyaient la captivité. Le prix du billet sur le *Saint Louis* était élevé. Les 400 passagers de première classe à bord ont payé 800 reichsmarks par personne, soit environ 250 dollars, l'équivalent de 4000 dollars d'aujourd'hui. Les 500 passagers de la classe touriste ont payé 600 reichsmarks chacun. Chaque passager devait aussi payer 230 reichsmarks supplémentaires pour le voyage de retour. Bien sûr, aucun d'entre eux n'avait l'intention de revenir en Allemagne, mais cet argent devait être payé à l'avance. Il était déposé sur un compte bancaire allemand et, en réalité, les passagers n'allaient jamais revoir cet argent. Mais cela n'avait d'importance pour aucun d'entre eux. Ce qui comptait, c'était de laisser les terreurs de l'Allemagne nazie loin derrière.

Le capitaine Schroeder était un officier fort et dynamique. Il détestait les nazis et désapprouvait ce qu'Hitler essayait de faire à d'innocents Juifs. La vie de tous les passagers à bord se trouve toujours entre les mains du capitaine d'un navire. Mais le capitaine Schroeder prenait très au sérieux la responsabilité d'assurer à ses passagers juifs un passage sûr hors d'Allemagne. Il a réuni les 231 membres de l'équipage du SS *Saint Louis* et leur a demandé de considérer ces passagers avec le même respect que celui qu'ils témoigneraient à la haute société allemande. Il savait que la plupart des passagers juifs n'avaient probablement pas été bien traités depuis très longtemps. Après avoir

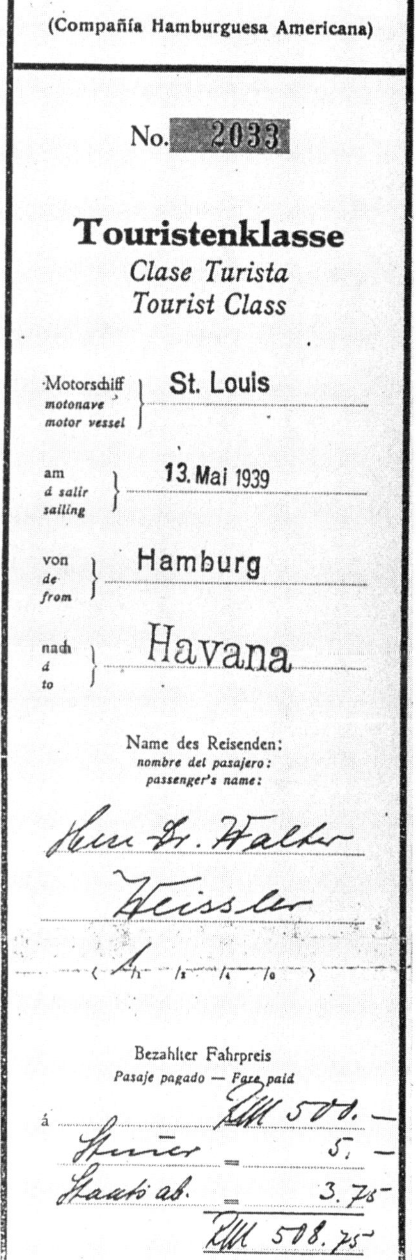

HAMBURG-AMERIKA LINIE

(Compañía Hamburguesa Americana)

No. 2033

Touristenklasse

Clase Turista

Tourist Class

Motorschiff / *motonave* / *motor vessel*: St. Louis

am / *á salir* / *sailing*: 13. Mai 1939

von / *de* / *from*: Hamburg

nach / *á* / *to*: Havana

Name des Reisenden: / *nombre del pasajero:* / *passenger's name:*

Herrn Dr. Walter Weissler

Bezahlter Fahrpreis / *Pasaje pagado — Fare paid*

á RM 500.—

Steuer = 5.—

Staatsab. = 3.75

RM 508.75

Les passagers voyageant en troisième classe, comme Sol et ses parents, devaient présenter ce type de carte d'embarquement.

quitté le port de Hambourg, le capitaine a consigné l'entrée suivante dans son journal :

> *Une certaine nervosité règne parmi les passagers. Malgré cela, tous semblent convaincus qu'ils ne reverront plus jamais l'Allemagne. Des scènes d'adieu émouvantes ont eu lieu. Nombreux sont ceux qui paraissent avoir le cœur léger après avoir quitté leur maison. D'autres prennent cela très mal. Mais le beau temps, l'air pur de la mer, la bonne nourriture et le service attentionné apporteront bientôt l'atmosphère sereine habituelle des longs voyages en mer. Les impressions douloureuses ressenties sur terre disparaissent rapidement en mer et semblent presque être des rêves*[1].

Comme le capitaine Schroeder, qui était heureux d'amener au loin ses passagers, l'Allemagne nazie était également heureuse de voir ces centaines de Juifs quitter ses frontières. Contrairement au capitaine, l'Allemagne nazie ne s'intéressait pas à la sécurité de ces passagers juifs. L'Allemagne avait l'intention de devenir *Judenfrei*, libérée des Juifs. Mais l'Allemagne ne voulait pas que le monde entier sache quel sort attendait les Juifs restés dans le pays. La solution finale des nazis, c'est-à-dire le massacre des Juifs d'Europe, était déjà en préparation. En attendant la mise en œuvre de ce plan, l'Allemagne se montrait disposée à laisser partir certains Juifs. Quelques pays s'interrogeaient déjà sur le traitement réservé aux Juifs à l'intérieur des frontières allemandes. Le gouvernement nazi s'était donc mis à diffuser des films d'actualités et à publier des articles de journaux démontrant qu'il faisait preuve de bienveillance à l'égard des familles juives en les autorisant à partir sur le *Saint Louis*.

Mais en même temps, l'Allemagne voulait tant répandre l'antisémitisme qu'elle ne voulait qu'aucun autre pays n'accueille ces réfugiés juifs. À l'insu du capitaine Schroeder et de tous ceux qui se trouvaient à bord, le gouvernement allemand se servait de la propagande, ou d'informations trompeuses, pour s'assurer que le gouvernement cubain et ses citoyens n'autorisent jamais les passagers du *Saint Louis* à entrer dans leur pays.

Les photographes qui se trouvaient dans le port de Hambourg et qui prenaient des photos d'hommes, de femmes et d'enfants juifs en train de monter la passerelle avaient reçu l'ordre de ne photographier que les Juifs ayant l'air les plus pauvres et les plus misérables qui embarquaient. Ils espéraient ainsi montrer que ceux qui partaient étaient des « éléments indésirables et criminels ». Peu de temps après le départ du *Saint Louis*, l'Allemagne a fait paraître une série d'articles de radio et de journaux ainsi que des films d'actualités présentés dans les cinémas affirmant que ces passagers juifs fuyaient l'Allemagne avec des biens et de l'argent volés. Pendant que le capitaine Schroeder pilotait son navire hors du port de Hambourg, des manifestations publiques avaient déjà lieu à La Havane pour empêcher tout débarquement de Juifs.

Les passagers juifs à bord du navire ne savaient rien des plans nazis. Ils espéraient tous laisser leurs problèmes derrière eux en Allemagne et jouir de la bienveillance et de l'hospitalité que le capitaine Schroeder leur offrait à bord du *Saint Louis*, alors qu'ils naviguaient vers la liberté qui les attendait de l'autre côté de l'océan.

Lisa

JE COMMENCE à avoir la nausée! Hier soir, je me suis couchée encore tout excitée. Le doux tangage et le roulis du navire m'ont bercée dans un profond sommeil. J'ai même rêvé à l'hôtel de Hambourg où nous avons passé une nuit avant d'embarquer sur le *Saint Louis*. L'hôtel disposait d'un ascenseur commandé par un homme en uniforme rouge. « Reculez, *meine Damen und Herren*, mesdames et messieurs », avait-il ordonné lorsque nous sommes entrés dans l'ascenseur. Après avoir reculé à l'arrière de l'ascenseur, il avait déplié la grille métallique de la porte et avait tiré le levier pour la verrouiller, puis il avait actionné la manivelle jusqu'au cinquième étage où nous étions logés. Je n'avais jamais pris l'ascenseur et je m'émerveillais des décorations en laiton brillant et de la douce lumière du petit lustre au-dessus de ma tête. Monter dans l'ascenseur, c'était comme monter dans le manège de l'*Englischen Garten*, et j'ai poussé un cri au moment où, en apesanteur, l'ascenseur est arrivé à notre étage et s'est arrêté en s'ébranlant doucement.

Mais lorsque je me suis réveillée ce matin, après avoir rêvé de l'ascenseur, j'ai constaté que je montais et descendais toujours! Le bateau, qui avait commencé son voyage de manière si douce et stable, commençait maintenant à se balancer et à tanguer. Et mon estomac fait de même. Je ne peux pas envisager le déjeuner, mais après m'être habillée, j'essaie de marcher sur le pont à côté d'Oma, qui me tient la main.

« Fixe l'horizon, me dit-elle d'un ton détaché. Cela t'aidera à te sentir mieux. »

C'est un matin parfaitement limpide. Le soleil brille et scintille sur l'océan. L'horizon est une ligne droite au loin, là où la mer verte rencontre le ciel d'un bleu parfait. J'essaie d'éviter de regarder les vagues qui se heurtent à la coque du bateau. Au lieu de cela, je fixe et fixe encore cette ligne solide lointaine comme Oma me l'a recommandé. Parfois, ma grand-mère est si stricte, comme lorsqu'elle cuisinait pour nous et que rien ne devait rester dans nos assiettes. Elle n'a jamais été du genre à m'embrasser et me serrer dans ses bras, mais je sais qu'elle m'aime quand même. Maintenant, je vois bien qu'elle est inquiète, mais cette fois, ses ordres ne sont d'aucune aide. Je me sens toujours nauséeuse. Ma tête bat la chamade et mon estomac se soulève.

« Fais que cela cesse, Oma, je t'en supplie. Je crois que je vais être malade. »

« Viens manger quelque chose, m'incite-t-elle. Tu auras du thé et du pain de seigle grillé et tu te sentiras mieux. »

Manger est la dernière chose dont j'ai envie, mais docilement, je suis Oma dans la salle à manger de la première classe. C'est une énorme salle de bal grandiose éclairée par de jolis lustres, chacun faisant le double ou le triple de ma grandeur. De lourds rideaux de velours rouge sont suspendus aux murs et aux hublots, retenus par des cordons tressés dorés aussi épais que ma taille. Chaque table est recouverte d'une nappe en lin blanc et de serviettes de table assorties. Il y a de la porcelaine raffinée, aussi belle que celle d'Oma, et des verres d'eau en cristal qui tintent comme des notes de musique lorsqu'on leur donne une petite chiquenaude.

Les salles à manger du navire étaient élégamment meublées.

AN BORD DES MOTORSCHIFFES „ST. LOUIS"
Sonntag, den 21. Mai 1939

HAUPTMAHLZEIT

Kaviar auf Röstbrot
Tafelsellerie Oliven

Mineatra
Kraftbrühe mit Markklößchen

Gebratene Seezunge Mirabeau

Lendenschnitte Rossini, Saratoga Chips
Gebratener Mastputer, Selleriefüllung

Stangenspargel, Holländische Tunke
Weinkraut Spinat in Sahne
Makkaroni in Parmesan
Gekochte, Mus- und Lyoner Kartoffeln

Kopf- und Gurkensalat

Kalifornische Pfirsiche

Suchard-Creme Eisbecher Carmen
Himbeer-Eis

Holländer und Brie-Käse

Früchte

Kaffee Tee

Kleine Abendplatten

Roastbeef (kalt), Remoulade, Bratkartoffeln
Corned Beef mit Gemüsesalat
Lammkeule mit Minztunke, Bohnensalat
Schweinskotelett Thomas

La nourriture à bord du *Saint Louis* était abondante et excellente; un plaisir bienvenu après les pénuries alimentaires auxquelles les Juifs avaient dû faire face en Allemagne. Le menu du souper du dimanche 21 mai, par exemple, proposait du caviar et des pêches de Californie.

Je m'affale à notre table, où Mutti et Phillip sont déjà en train de manger. Mutti sirote un café et Phillip dévore un bol de gruau. Il lève les yeux et sourit. Je crois qu'il est presque content de me voir prête à vomir.

« Voulez-vous entendre une histoire que j'ai surprise au salon de coiffure ce matin? » demande Mutti. Je suis sûre qu'elle désire simplement me distraire et me faire oublier mes nausées. Je regarde ma mère, remarquant pour la première fois que ses cheveux sont parfaitement coiffés. Il y a même un salon de coiffure sur ce bateau!

« J'ai entendu une femme parler, poursuit Mutti. Elle disait que deux garçons s'étaient cachés dans l'un des canots de sauvetage à bord, pensant qu'il s'agissait d'un jeu. Leurs parents, terrifiés à l'idée qu'ils puissent être tombés à l'eau, l'ont signalé au capitaine. »

Je jette un coup d'œil à Phillip. Son visage est tourné vers Mutti et ses yeux sont ronds comme des billes.

« L'équipage a dû fouiller tout le navire avant de retrouver les garçons. Vous pouvez imaginer les ennuis qu'ils vont avoir. »

« Nos enfants ne feraient jamais une chose pareille! » ajoute Oma en fixant longuement Phillip. Mais j'en ai assez des histoires. Une nouvelle vague de nausée m'envahit.

« Ma pauvre Liselotte, dit Mutti alors que j'appuie mon front contre la table et que je ferme les yeux. Il te faudra un peu de temps pour t'habituer aux vagues, mais tu te sentiras bientôt mieux. J'en suis sûre. »

« Puis-je vous apporter quelque chose, *Fräulein* Freund? » Je lève la tête et croise les yeux bienveillants du jeune serveur qui s'occupe de notre table. Il connaît même notre nom de famille, même si je ne pense pas que nous le lui avons dit. « Je suis désolé que vous ne vous sentiez pas bien. Mais, comme le dit votre mère, vous vous habituerez bientôt au mouvement de la mer. »

« Juste un verre de lait, *bitte*, s'il vous plaît », lui dis-je. Mais à peine les mots sont-ils sortis de ma bouche que je me précipite vers la porte de la salle à manger, suivie de près par Mutti. Elle a judicieusement apporté un grand bol et je vomis ce qui reste du souper d'hier soir, avant de m'éclipser avec Mutti dans notre cabine et de me glisser dans la pénombre de ma couchette inférieure.

Mutti me frotte le dos et m'éponge le front avec un linge frais et humide. « Tu sais, ma chérie, maintenant que nous avons quitté l'Allemagne, je pense qu'il est temps de changer de prénom. »

Même si je lutte contre mon envie de vomir, je suis curieuse et je me retourne dans mon lit pour la regarder. « Rien de trop radical, ma chérie. Elle sourit en disant cela. Mais après Cuba, quand notre numéro de quota sera appelé, nous irons vivre aux États-Unis, et Liselotte est un nom si long et à consonance si allemande. Je pense qu'à partir de maintenant, je t'appellerai Lisa. Cela sonne plus américain, tu ne trouves pas? »

Je me sens trop nauséeuse pour dire quoi que ce soit, et je me retourne à nouveau pour faire face au mur. *Lisa*. C'est mon nouveau prénom américain et j'aime sa sonorité. J'espère que les enfants que je rencontrerai dans mon nouveau pays l'aimeront aussi, enfin, si j'arrive un jour aux États-Unis… Mutti a dit qu'il faudrait deux semaines pour atteindre Cuba. Ensuite, je ne sais pas comment nous arriverons en Amérique. Dans l'état où je me trouve, je ne sais pas si je pourrai tenir deux jours de plus, alors ne parlons pas de deux semaines entières. Le serveur a dit que j'irais mieux, mais pour l'instant, je n'arrive pas à y croire. Et même si j'ai hâte d'être en Amérique, je donnerais n'importe quoi pour quitter cet horrible bateau qui tangue et oscille! Tout ce que je veux, c'est la terre ferme.

Derrière moi, j'entends Mutti sortir sur la pointe des pieds et fermer doucement la porte de la cabine. Après quelques instants, je prends mon exemplaire de *Madeline* sur la petite table à côté de ma couchette, me disant que je pourrais peut-être me perdre un court instant dans mon livre d'histoires. « À Paris, dans une vieille maison aux murs recouverts de vignes, vivaient douze petites filles. Sur deux rangs, elles… » Mais je ne vais pas plus loin. Les mots tressautent devant mes yeux, et, soudain, mon estomac tressaute lui aussi, je plonge sur le côté de mon lit et me penche sur le bol que Mutti a laissé derrière elle.

Enfin, j'essuie ma bouche avec un linge humide et je m'allonge sur mon oreiller en serrant ma belle poupée de porcelaine dans mes bras et j'enfouis mon visage dans ses longues tresses. Je lui murmure : « Je suis Lisa maintenant », avant que le sommeil ne m'emporte.

SOL

NOTRE CABINE SE SITUE au niveau de la mer, comme Papa l'avait dit. Lorsque j'ouvre le hublot, l'eau se trouve juste sous la fenêtre. Une vague de l'océan jaillit et m'asperge le visage, ce qui me fait éclater de rire. L'eau est froide, mais cela ne me dérange pas. J'aime la sensation de la mer sur mon visage. J'aime même le goût intense du sel quand je me lèche les lèvres.

« Nous ne pourrons pas garder le hublot ouvert en permanence, prévient Papa. Si les vagues deviennent trop fortes, nous devrons le fermer. Tu devras alors te contenter de regarder l'océan depuis le pont supérieur. »

Nous sommes en mer et je me suis réveillé avec le soleil éclatant qui pénétrait par notre petite fenêtre. Notre cabine est minuscule, mais cela convient pour nous trois. Mes parents partagent la couchette du bas, tandis que je dors au-dessus. Il y a une petite armoire pour ranger nos affaires et une toilette. De quoi avons-nous besoin de plus? Peu m'importe que notre chambre soit petite tant que nous avons ce hublot, juste en face de mon lit, avec la lumière dorée du soleil et l'air frais qui se déversent à l'intérieur. Je ne l'échangerais pas contre la plus grande et la plus chic des cabines sur le pont de première classe, loin au-dessus de nous.

C'est l'heure du déjeuner. J'entraîne Mutti et Papa dans la salle à manger de troisième classe et je trouve notre petite table dans un coin. La salle à manger est grande et impressionnante, il y a des planchers en bois sombre et des balustrades en bois poli assorties. Les nappes sont de couleurs vives, nous avons chacun des serviettes de table en tissu assorties, et les assiettes et les bols ont même des fleurs peintes sur les rebords. Le bruit dans la salle à manger est assourdissant. Les familles sont assises à des tables de quatre, six ou dix. Les mères nourrissent leurs jeunes enfants, tandis que les pères dévorent des assiettes de pain et de fromage. Quelques personnes religieuses inclinent la tête pour prier avant et après leur repas.

Je suis affamé!

« L'air marin donne faim », acquiesce Papa, tandis que le serveur vient lui verser du thé. Papa dépose des morceaux de sucre et une rondelle de citron dans le liquide ambré et fumant, puis en boit une grande gorgée, même s'il est brûlant. Il y a bien longtemps que nous n'avons pas vu autant de nourriture. Pendant les mois où Papa était absent et où l'argent se faisait rare, il y avait si peu à manger. Je me couchais souvent avec un creux dans le ventre. Mais ici, il y a plus qu'assez de nourriture pour tout le monde. Le serveur dépose sur notre table une cruche de lait crémeux, des piles de pains grillés et des assiettes de poisson fumé et de tomates fraîches coupées en tranches. C'est un véritable festin.

« Est-ce que l'on peut tout manger? » Papa rit et acquiesce à ma question. Même Mutti commence à sourire. Ses profondes rides d'inquiétude autour des yeux et de la bouche s'effacent. Je suis si heureux de la voir beurrer nos tranches de pain grillé à Papa et moi, comme autrefois.

Les membres de l'équipage sont tous si gentils et polis avec nous que j'ai du mal à y croire. Ils s'adressent à mon père par son nom de famille, *Herr* Messinger. Ils m'appellent même « *mein Herr* », ou parfois « *mein junger Herr* », parce que je suis encore un garçon. Ce sont des membres d'équipage allemands, et pourtant, ils sont si différents des Allemands que nous avons laissés derrière nous à Berlin. Ici, ils semblent nous aimer, même si nous sommes juifs.

« Le capitaine, un homme merveilleux, donne l'exemple à l'équipage, explique Papa lorsque je lui demande pourquoi. Il nous respecte, alors que tant d'Allemands ne le font pas, même si cela risque de nuire à sa carrière. »

Je sais qu'il est interdit d'aider les Juifs de nos jours. « Si seulement il y en avait plus comme lui », ajoute Mutti, et je hoche la tête, la bouche pleine de tartine beurrée. Je n'ai pas encore vu le capitaine, mais j'espère que cela va se produire. Je pourrais peut-être même le remercier de nous avoir conduits jusqu'à Cuba et d'avoir dit à son équipage de nous traiter si bien.

« Qu'est-ce qu'on fait après le déjeuner? » demande Papa.

« Je veux aller nager! » Un des stewards m'a dit qu'il y avait une vraie piscine sur ce bateau. Je ne suis jamais allé dans une piscine. En fait, je ne sais pas vraiment nager, même si j'ai pataugé dans des lacs et dans la mer du Nord.

« Parfait! » Papa acquiesce en riant de bon cœur.

« Je ne suis pas certaine, Zalmon, dit Mutti en attrapant Papa par le bras. Shloimele ne sait pas nager et la piscine sera profonde et peut-être bondée. » En un instant, les rides d'inquiétude sont réapparues. Mais mon père repousse sa main et sa nervosité.

« C'est absurde, Pesha, dit-il. Que peut-il lui arriver si nous restons là à le surveiller? Tout ira bien. Cesse de t'inquiéter. Laisse le garçon s'amuser. »

C'est donc ce que nous faisons. Immédiatement après le déjeuner, je me précipite dans notre cabine avec mes parents et me change rapidement en maillot de bain. J'attrape une serviette et nous nous dirigeons vers le pont dédié aux sports où se trouve la piscine. Il y a déjà plusieurs familles. Les enfants barbotent dans l'eau sous le regard de leurs parents. Je laisse tomber ma serviette et saute dans la partie peu profonde de la piscine.

Sol a nagé dans la piscine sur le pont dédié aux sports, malgré les craintes de sa mère.

« Attention, Shloimele », lance ma mère. Elle ne peut pas s'en empêcher, je le sais. Sa peur remonte aux jours où elle m'a vu me faire malmener par de rudes enfants allemands. Mais pour l'instant, je ne veux pas qu'elle me surveille. Cela me rappelle l'époque où elle ne me laissait pas jouer dans la cour de notre immeuble. J'essaie de l'ignorer. Et même si je ne sais pas nager, je vais aller dans l'eau aussi loin que je vais oser. Je ne vais pas laisser l'eau passer au-dessus de ma tête.

L'eau est froide, mais cela ne me dérange pas. Je patauge dans la partie peu profonde, faisant comme si je nageais dans la mer du Nord avec ma famille. J'imagine ce que va dire Edith quand je vais lui dire que j'ai nagé dans une piscine sur le *Saint Louis*. Je pense qu'elle n'a même jamais vu de piscine.

« Quel est ton nom? », demande un garçon qui flotte près de moi. Il a l'air d'avoir à peu près mon âge, même s'il est un peu plus grand que moi. « Sol », dis-je en essayant ce nom. Même si mes parents m'appellent Salo et que ma mère m'appelle même Shloimele, comme elle le fait depuis que je suis bébé, je veux commencer à utiliser le nom que j'ai décidé de prendre dans notre nouvelle vie.

« Je m'appelle Leon, me dit-il en remontant ses lunettes à monture foncée sur son nez. On pourrait peut-être se rencontrer plus tard pour explorer un peu. »

Je hoche la tête, nous sourions tous les deux et il s'éloigne à la nage. Un ami! Cela fait tellement longtemps que je n'ai pas eu quelqu'un avec qui jouer. Je fais un signe de la main à Mutti qui lève la sienne pour se protéger les yeux du soleil. Papa lui passe le bras autour des épaules et je vois son visage se détendre.

Le bateau prend de la vitesse. Même ici, dans la piscine, je peux sentir les remous s'accentuer. Mais j'aime bien quand les vagues m'éclaboussent le visage. Si ça continue, je pense que ce soir, nous ne pourrons pas ouvrir le hublot.

Sol et sa famille ont passé des vacances sur la mer du Nord.
De gauche à droite : Sol, son père, tante Rose, cousine Simi, oncle Adolf, la mère de Sol, cousine Edith et tante Frieda.

CE QUE SAVAIT LE CAPITAINE

DANS L'HEURE SUIVANT le départ du port de Hambourg, le capitaine Schroeder avait reçu un télégramme du siège social en Allemagne. Ce télégramme indiquait que deux autres navires transportant des réfugiés juifs avaient quitté l'Europe en même temps que le *Saint Louis* et se dirigeaient également vers Cuba. La formulation du télégramme avait troublé le capitaine Schroeder. Même s'il mentionnait que les passagers du *Saint Louis* seraient autorisés à débarquer quoi qu'il arrive, le message conseillait au capitaine de se rendre « rapidement » à La Havane. Et la dernière phrase indiquant « Aucune raison de s'inquiéter » inquiétait évidemment le capitaine. Que se passait-il?

Le capitaine Schroeder s'était demandé pourquoi on ne l'avait pas avisé plus tôt de ces deux autres navires : l'*Orduña*, transportant 72 passagers juifs de Grande-Bretagne, et le *Flandre* avec 104 Juifs français à son bord. Il craignait que la présence de deux autres bateaux en route pour La Havane n'empêche ses passagers de débarquer. Trois navires de réfugiés juifs seraient peut-être tout simplement trop pour un seul pays. La formulation du télégramme le laissait également perplexe. D'une part, il assurait le capitaine que ses passagers n'auraient aucun problème à débarquer à Cuba, mais il lui conseillait aussi d'accélérer son voyage. Pourquoi se presser s'il n'y avait rien à craindre? Le message laissait entendre au capitaine Schroeder qu'il pourrait y avoir des problèmes pour ses passagers juifs.

Deux jours plus tard, le *Saint Louis* avait fait escale à Cherbourg, en France, pour récupérer les 38 derniers voyageurs, portant à 937 le nombre total de réfugiés à bord. À Cherbourg, le capitaine avait reçu un second télégramme du siège social, qui l'exhortait à nouveau à augmenter sa vitesse jusqu'à La Havane et le prévenait de certaines difficultés possibles sur place.

Deux avertissements semblables en l'espace de deux jours. Cette situation devenait de plus en plus inquiétante. Bien que le capitaine avait tenté d'obtenir des explications sur les problèmes éventuels qui se développaient à Cuba, il n'avait pas reçu d'autres informations. Sans plus de précisions, le capitaine Schroeder avait estimé qu'il devait quitter le port de Cherbourg le plus rapidement possible et faire route à toute allure vers Cuba, en espérant devancer l'arrivée des deux autres navires.

Une fois en mer, il avait ordonné que la vitesse du navire soit augmentée au maximum, conscient que cela aggraverait le roulis ressenti. Il savait également que de nombreux passagers auraient alors le mal de mer, mais il estimait qu'il n'avait pas le choix. Mieux valait avoir des passagers malades que de risquer de manquer l'occasion d'être le premier navire à arriver à Cuba.

Ce que personne à son siège ne lui avait dit, c'est que les protestations se multipliaient à Cuba face à l'arrivée possible de réfugiés juifs d'Europe. Ces manifestations publiques contre les réfugiés avaient eu un effet sur le président de Cuba, Federico Laredo Bru. Personne à bord ne savait que, face à ces protestations croissantes, le président Bru avait pris une nouvelle décision annulant tous les permis de séjour pour les passagers du *Saint Louis*. Il s'agissait du décret 937. Le numéro attribué à cette loi était identique au nombre de passagers à bord du navire. Les permis de séjour, pour lesquels de nombreuses familles juives avaient payé toutes leurs économies, ne leur seraient d'aucune utilité.

Le président de Cuba, Federico Laredo Bru.

Outre la signature du décret 937, le président Bru se trouvait aussi en désaccord avec Manuel Benitez, le directeur cubain de l'Immigration. Ce dernier avait soutiré beaucoup d'argent aux Juifs pour leurs permis de séjour. Le président Bru savait que Benitez avait gagné beaucoup d'argent grâce à la vente de ces permis, et il était furieux que cette richesse n'avait pas été partagée avec lui. Lorsque Benitez avait tenté de persuader Bru de revenir sur son décret qui annulait les permis de séjour des passagers du *Saint Louis*, Bru l'avait congédié.

À ce moment, les États-Unis avaient appris que le *Saint Louis* avait quitté l'Allemagne. Les autorités américaines ont commencé à craindre que de nombreux passagers dépourvus de visas américains tentent malgré tout d'entrer sur leur territoire. Les États-Unis, comme beaucoup d'autres pays, ne souhaitaient pas que cela se produise. En 1938, le président américain Franklin Delano Roosevelt avait organisé une série de réunions en France. Connue sous le nom de Conférence d'Évian, elle rassemblait les dirigeants de trente et un pays, dont l'Australie, le Brésil, le Danemark, le Canada, la France, l'Irlande, la Suède et la Grande-Bretagne. L'objectif de ces réunions était de décider du sort à réserver au nombre croissant de Juifs qui tentaient de fuir l'Allemagne nazie. Mais lorsqu'on avait demandé à ces pays s'ils accepteraient d'accueillir certains de ces réfugiés, un seul des trente et un pays avait accepté de le faire. En effet, la République dominicaine avait proposé d'accueillir 100 000 personnes. Aucun autre pays ne voulait de réfugiés juifs à l'intérieur de ses frontières.

Alors que le capitaine Schroeder gouvernait le *Saint Louis* à toute vitesse vers Cuba, des représentants juifs des États-Unis sont arrivés sur l'île pour tenter d'aider à résoudre ce qu'ils pressentaient comme une mauvaise situation. Parmi eux se trouvait Morris Troper, directeur pour l'Europe de l'American Jewish Joint Distribution Committee (JDC), une organisation juive américaine dont l'objectif était d'aider les Juifs à fuir l'Europe nazie. Lors de réunions avec des fonctionnaires cubains et avec des représentants de la Hamburg America Line, Troper s'était fait assurer à plusieurs reprises que les Juifs du *Saint Louis* pourraient débarquer à Cuba.

Dès le début, Troper avait eu du mal à y croire.

Lisa

J'AI ESSAYÉ DE FAIRE une promenade sur le pont avec Mutti. J'ai même pris l'une de mes poupées avec moi, pensant que cela me ferait du bien de l'étreindre pendant que je faisais quelques pas chancelants à l'extérieur de la cabine. Dès que nous sommes sorties, Mutti et moi, nous nous sommes assises sur deux chaises longues alignées côte à côte, face à l'océan. Ces chaises sont recouvertes de coussins moelleux qui les rendent aussi douillettes que mon lit à la maison.

«Je crois que ça va pour l'instant, Mutti», lui ai-je dit prudemment. Je me suis allongée et j'ai regardé la mer devant moi. Ma mère n'a rien répondu. Elle est restée immobile, les yeux fermés. Je ne pense pas que Mutti se sente bien à l'extérieur! J'ai serré davantage ma poupée, l'enveloppant de mon chandail pour la protéger du vent frais qui soufflait sur le pont du bateau. Oma dit qu'il va commencer à faire plus chaud à mesure que nous nous rapprochons de Cuba.

Il y a tant de gens qui vont et viennent. Il y a même un homme en patins à roulettes! Il lève une jambe derrière lui et se laisse glisser, puis soulève sa casquette comme pour me saluer. Il a l'air si drôle. Je secoue le bras de Mutti pour qu'elle regarde, et elle sourit faiblement. Les autres passagers s'écartent tandis qu'il zigzague dans la foule. Tout le monde

Un homme qui fait du patin à roulettes sur le pont fascine les passagers.

le regarde comme s'il était un artiste de cirque. Il est poursuivi par des enfants qui semblent avoir mon âge. J'aimerais tant pouvoir aller jouer avec eux. J'aimerais chausser des patins à roulettes et louvoyer à travers le navire. Mais pour le moment, je me sens à peine capable de me lever. Peut-être que bientôt je vais jouer aux palets, ou que je vais aller nager, ou même que je vais faire du patin à roulettes. Si seulement ma tête pouvait arrêter de tourner!

La vérité, c'est que j'ai toujours le mal de mer. À part cette promenade sur le pont avec Mutti, je n'ai pas quitté ma sombre couchette du bas depuis des jours. Je reste là, recroquevillée en boule, priant pour que les oscillations s'arrêtent et que mes vertiges et mes nausées se calment. Mutti dit que le bateau va plus vite qu'au début. C'est pourquoi il y a tant de tangage et de roulis. Le bateau rebondit sur les vagues qui s'abattent contre lui. Mais si ralentir le bateau pouvait rendre le voyage plus calme, à mes yeux, nous n'arriverons jamais assez vite à Cuba. Je souhaiterais pouvoir voler jusqu'à l'autre bout de cet océan sans fin; n'importe quoi pour me ramener sur la terre ferme.

Je n'ai aucune idée de ce que Phillip fait tout ce temps. Il revient dans notre cabine à la fin de la journée et grimpe dans la couchette au-dessus de moi sans un mot. Cette partie est normale, au mieux il ne me parle que rarement. Mais je me demande à quoi il s'est occupé. Je me demande s'est lié d'amitié avec des gens sur le bateau, s'il s'amuse à explorer les ponts et à faire tout ce que je ne peux pas faire.

Tout comme moi, Mutti est malade et doit s'aliter. Au début, elle disait que le tangage ne la dérangeait pas beaucoup. Mais quelques jours plus tard, elle a commencé à pâlir à son tour. Maintenant, elle ne peut plus bouger et Oma court entre mon lit et celui de Mutti pour s'occuper de nous deux.

« Viens, Liselotte, tu dois essayer d'avaler un peu du bouillon que je t'ai apporté. Si tu n'essaies pas de manger un peu, tu vas dépérir. » Oma n'a pas encore appris à m'appeler Lisa. Peut-être qu'elle ne le fera jamais. Les grands-mères sont comme ça, je crois, bien ancrées dans leurs habitudes. Elle me caresse les cheveux et me relève la tête pour que je puisse boire une petite gorgée du liquide chaud. C'est bon, je dois l'admettre. Mais après une ou deux gorgées, je me sens à nouveau malade. Je repousse le bol et me renfonce dans mon oreiller, me mordant la lèvre pour ne pas vomir.

« Allons, allons, mon enfant, me réconforte Oma. Nous réessayerons plus tard. »

Il y a longtemps que je n'avais pas vu ma grand-mère aussi douce. Et même si j'ai des martèlements dans la tête, j'aime ce temps passé avec elle et je ne veux pas qu'elle parte. « Comment sera l'Amérique, Oma? » J'essaie de faire en sorte qu'elle reste là à me parler malgré ma nausée.

« Nous verrons ta tante Edith et ton oncle Werner, répond-elle, ainsi que ton cousin Arthur. Cela sera bon de retrouver la famille, n'est-ce pas? »

Je hoche la tête, mais ne dis rien. La sœur jumelle de ma mère, Edith, et son mari, mon oncle Werner, ont réussi à quitter l'Allemagne avec leur fils des mois avant nous. Oncle Werner est médecin. Oma repousse mes cheveux de mon front et me dit qu'il a réalisé des travaux très importants, quelque chose en rapport avec les maladies de la peau. Elle explique que le gouvernement américain a probablement accepté d'admettre oncle Werner et sa famille, même s'ils sont juifs, parce qu'ils ont vu à quel point ses compétences ont de la valeur.

« Au début, c'était difficile pour lui parce qu'il était seul à New York, explique Oma. De là, il s'est rendu dans une petite ville appelée Hackensack. »

C'est un nom tellement drôle et, même en ce moment où je me sens si malade, je ne peux pas m'empêcher de rire quand je l'entends.

« Quand il a trouvé un logement à Hackensack, oncle Werner a fait venir ta tante et ton cousin, poursuit Oma. Il y a tant de gens ici sur le bateau qui n'ont personne qui les attend. Nous avons la chance d'avoir de la famille en Amérique. Ils nous ont parrainés et, en plus de nos permis d'entrée à Cuba, nous avons également des visas pour l'Amérique. Cuba ne sera qu'une courte étape pour nous. Et tu iras à l'école en Amérique, Liselotte, ajoute ma grand-mère. Est-ce que ce ne sera pas merveilleux? »

J'acquiesce de nouveau. C'est la partie que j'attends avec impatience. J'adore l'idée d'une école américaine. J'ai hâte de m'asseoir dans une salle de classe où je vais apprendre l'anglais et où je vais pouvoir lire autant de livres que je le souhaite!

J'ai un peu moins mal au cœur quand je pense à des jours heureux. Je décide d'essayer de me lever et d'aller faire une petite promenade sur le pont.

« Je suis certaine que l'air frais de la mer te fera du bien, mon enfant, dit Oma. Viens. Et si tu te sens assez bien, je vais t'emmener au cinéma. Il y a une séance ce soir. Ta mère n'a pas envie d'y aller, mais peut-être que toi et moi, nous irons. »

Le cinéma! Je m'égaye encore plus. J'adore les films que je voyais à Munich, avant que les salles ne soient interdites aux Juifs. Je m'assois dans ma couchette et je pose lentement mes jambes sur le sol. J'ai du mal à me lever toute seule. Mes pas sont si incertains et si tremblants que j'ai l'impression d'être un bébé qui apprend à marcher. Oma m'attrape sous les bras pour m'aider à me stabiliser.

« Il ne te reste que la peau sur les os, mon enfant, s'exclame-t-elle. Tu dois recommencer à manger. »

Ma jupe semble très grande autour de ma taille, mais je n'y peux rien. Je passe devant Mutti, qui est allongée. Elle lève une main faible pour me caresser la joue. Son visage est aussi blanc que le drap qu'elle tire pour se couvrir. Ensuite, Oma et moi sortons.

Il pleut et une fine bruine asperge mon visage, soufflée par un souffle d'air frais. Je m'agrippe fermement au bras d'Oma en respirant profondément pour ne pas avoir de haut-le-cœur.

« Je suis là, dit Oma d'un ton rassurant. Continue à marcher, je suis à côté de toi. »

« *Guten Abend*. Bonsoir, petite *Fräulein*. » Un steward passe et me sourit. « J'ai cru comprendre que vous ne vous sentiez pas bien. »

Je ne me sens pas capable de parler. Alors j'essaie simplement de lui rendre son sourire.

« Si cela peut vous consoler, il n'y a pas que vous. De nombreux passagers ont le mal de mer. Le navire avance à pleine vitesse. Le capitaine ne veut pas perdre de temps pour arriver à Cuba. Il lève les yeux vers ma grand-mère. Nous avons un médecin à bord, le docteur Walter Glauner, si vous avez besoin d'aide pour votre famille. »

« *Danke*. Merci, répond ma grand-mère. Mais nous nous débrouillons bien. Ce soir, j'emmène ma petite-fille au cinéma. »

« Excellente idée. C'est un film romantique ce soir. C'est ce qu'il faut pour qu'elle se sente mieux. *Gute Nacht*. Bonne nuit, *Fräulein*. »

Je réussis à lui répondre, « *Gute Nacht, mein Herr*. »

Une fois dans la salle, je m'enfonce dans mon siège. Il y a beaucoup de familles dans le public et la pièce est bruyante. Les enfants courent dans les allées tandis que leurs parents les supplient de s'asseoir et de rester tranquilles. Dans la rangée devant la nôtre, des hommes et des femmes discutent de la façon dont le voyage s'est déroulé jusqu'à présent.

« Ce matin, le bateau est passé si près des Açores que j'ai pu voir les moulins à vent sur le rivage », s'exclame un homme, avant d'expliquer à ses amis que ces îles, situées en plein milieu de l'Atlantique, sont volcaniques.

Une dame hoche la tête à son intention. « Nous sommes probablement à mi-chemin de Cuba, ou peut-être même plus loin. »

J'essaie de faire taire le bruit autour de moi et de fermer les yeux. Je suis déterminée à rester pour le film. Je ne peux pas passer tout ce voyage dans ma couchette!

Les lumières s'éteignent et l'écran s'allume. Alors que nous attendons tous le film avec impatience, les actualités commencent et le visage furieux d'Adolf Hitler remplit l'écran. Il prononce un discours sur les « méchants » Juifs devant une foule de milliers de personnes qui se sont rassemblées pour l'acclamer et le soutenir. Il hurle que les riches Juifs complotent dans le monde entier pour pousser l'Allemagne à la guerre. Et si les Juifs ne s'arrêtent pas, dit-il, ils seront complètement effacés de l'Europe!

Des centaines de chars d'assaut allemands passent devant le podium où se tient Hitler et des pelotons de soldats défilent en le saluant, bras tendus, tandis que la foule scande comme un tonnerre qui gronderait sans fin : « *Sieg Heil.* Salut à la victoire! »

Hitler est tellement énorme à l'écran que je peux même voir ses sourcils se contracter et des gouttes de salive s'échapper de sa bouche. Il y a une ligne de transpiration sur son front qu'il essuie avec un mouchoir blanc. Des exclamations étouffées remplissent la salle, puis c'est le silence. Un instant plus tard, les actualités sont terminées et le film commence. Mais j'en ai assez. La vue d'Hitler hurlant sa haine m'a donné la nausée. Je me précipite hors de la pièce, Oma à mes trousses. Elle bouillonne de colère et fulmine contre l'équipage du navire. « Comment ont-ils pu autoriser la projection d'un film aussi dégoûtant? N'ont-ils aucune sensibilité? Je vais trouver le responsable et crois-moi, cela ne se reproduira pas! »

J'entends à peine ce qu'elle dit. Je suis encore bouleversée par l'image d'Hitler sur l'écran, elle était si grande et terrifiante qu'elle semble gravée dans mon cerveau. Cela me rappelle à nouveau la raison pour laquelle nous fuyons notre pays. Je comprends avec encore plus de certitude que nous, les Juifs, sommes en grand danger. J'ai besoin de me réfugier dans la sécurité de mon lit et de fermer mes yeux et mon esprit. Je me sens si mal que je parviens difficilement à atteindre notre cabine. Je n'arrive pas à savoir si ce flot de nausées est dû au mouvement du bateau ou à la bande d'actualités qui passe en boucle dans ma tête.

J'utilise à nouveau le grand bol.

SOL

J'AI APPRIS QUE Leon, le garçon que j'ai rencontré à la piscine, habite dans la cabine située en diagonale à la nôtre! Nous avons passé ces derniers jours à explorer tout le navire ensemble. Nous parcourons tous les ponts pour découvrir ce qu'il y a à voir. Et chaque jour apporte une autre découverte.

Le pont pour les sports abrite non seulement cette belle grande piscine, mais aussi un terrain de jeu de palets et un gymnase. Je n'ai jamais joué aux palets, et ni Leon ni moi n'y sommes très doués. Mais cela ne nous empêche pas de prendre les bâtons et de pousser à toute vitesse les palets sur le sol glissant. Le navire dispose d'une boîte de nuit sur le pont B appelée *Tanzplatz*. Je n'y suis pas allé le soir, c'est surtout pour les adultes. Mais c'est une salle de bal très chic, éclairée par des rangées de lustres en cristal et bordée de grands miroirs étincelants dans de lourds cadres dorés.

C'est incroyable ce que l'on peut découvrir en explorant les différents ponts. Parfois, une fille nous accompagne, Leon et moi. Elle a à peu près

Adultes et enfants faisaient la file pour jouer aux palets sur le pont dédié aux sports.

mon âge, des cheveux noirs bouclés et un grand sourire. J'oublie toujours son nom, probablement parce que c'est une fille. Comme elle n'a pas de mal à tenir la cadence, elle nous suit partout, ce qui ne nous dérange pas vraiment.

Le bateau va toujours très rapidement et j'aime la vitesse et les grosses vagues. Au début de notre voyage, il n'y en avait que de petites, mais maintenant, ce sont de puissantes déferlantes d'eau vive qui s'écrasent contre la coque avec une telle force que les embruns montent jusqu'au pont 5. En marchant sur les ponts, nous sentons le navire se soulever, bouger d'un côté et de l'autre et de haut en bas. Nous devons nous accrocher au bastingage pour ne pas tomber. Le navire se déplace en zigzag, essayant d'éviter les plus grosses vagues. Mais cela ne fonctionne que pendant une courte période avant que le balancement ne reprenne. Dans les salles à manger, les stewards ont relevé les côtés des tables pour que les assiettes ne glissent pas sur le sol. L'un d'eux m'a dit qu'ils faisaient cela chaque fois qu'il y avait une tempête en mer. Je suppose qu'ils sont prêts à tout sur ce grand bateau.

De nombreuses personnes à bord ont le mal de mer, mais pas moi. Je mange beaucoup dans la salle à manger à moitié vide. Et les ponts houleux ne nous empêchent pas, moi, Leon et la fille aux cheveux noirs bouclés, de vivre nos aventures. Il y a des chaises longues pliantes à tous les niveaux, et ce qui nous amuse le plus, c'est de rebondir sur ces chaises, de faire comme s'il s'agissait de trampolines. Je ne pense pas que les adultes apprécient notre jeu. Certains d'entre eux froncent les sourcils lorsque nous les esquivons et sautons sur toutes les chaises vides. Parfois, ils crient et brandissent leurs doigts à notre endroit, mais cela ne nous arrête pas. Je ne suis pas certain que Mutti et Papa approuveraient s'ils savaient ce que nous faisons. Mais Papa a finalement convaincu Mutti de me laisser explorer par moi-même. Elle était réticente au début, mais elle a relâché sa surveillance.

Je me sens tellement libre sur ce bateau. Cela faisait longtemps que je n'avais pas eu l'occasion de jouer sans que Mutti me surveille. Je crie à mes amis de me suivre et ils se précipitent derrière moi. C'est ça la liberté : mes peurs tombent comme autant de couches de vêtements lourds. C'est comme si nous avions quitté la Terre et atterri sur une nouvelle planète magique. Je rencontre Leon et la fille aux cheveux noirs bouclés au même endroit, tous les jours. J'ai hâte d'arriver à Cuba où ça ne pourra qu'être encore mieux.

Entre deux explorations avec mes amis, je tiens compagnie à mes parents. Nous nous promenons tous les trois sur les ponts, parlant avec enthousiasme de l'endroit où nous allons vivre, de l'école que je vais fréquenter et des nouveaux amis que je vais rencontrer à Cuba. Cela faisait longtemps que je n'avais pas passé du temps en famille avec mes parents, seulement nous trois. Ma mère passe son bras sous celui de mon père, et je tiens sa main de l'autre côté. Parfois, nous n'avons pas besoin de dire quoi que ce soit. Il nous suffit de marcher ensemble.

Trois des grandes salles à bord du navire servent aussi de synagogues. Nous sommes à la période de Chavouot, une fête juive très importante qui célèbre le jour où Moïse et les Israélites ont reçu la Torah et les commandements de Dieu au mont Sinaï. Cette fête vient après la Pâque, où nous célébrons le jour où les Juifs ont été libérés de l'esclavage. Aujourd'hui, je vais à l'office avec mon père. Cela me rappelle l'époque où nous allions ensemble à la synagogue, main dans la main, à Berlin, avant que Papa ne soit emmené et que la synagogue ne soit réduite en cendres. Ici, sur le bateau, nous pouvons prier en toute sécurité et ouvertement. C'est comme si nous avions été libérés de l'esclavage aussi!

DROITE : Sol et sa mère, debout près du centre de la photo, parmi d'autres passagers sur le pont.

« Irons-nous à la synagogue à Cuba, Papa? » je lui demande.

« Bien sûr. » Mon père sourit et m'entraîne à sa suite pour que nous arrivions à l'heure à l'office. Il pleut aujourd'hui et le vent a pris de la vitesse, tout comme le bateau. Je rabats ma casquette sur mon front et remonte le col de ma veste sur mes oreilles en courant pour suivre le rythme de mon père. « Je suis sûr qu'Edith, ta tante Frieda et ton oncle Adolf ont déjà trouvé une synagogue pour nos familles. »

« Et y aura-t-il des parcs où nous pourrons nous promener après l'office? »

Papa acquiesce à nouveau. « Et, Salo, mon fils chéri, il n'y aura pas de bancs jaunes où les Juifs sont obligés de s'asseoir à l'écart des autres. » Il s'arrête et me serre contre lui en disant cela, me fixant intensément dans les yeux. Puis il prend une profonde respiration et nous repartons.

Je savoure tant ce moment avec mon papa que je remarque à peine l'agitation qui règne devant nous. Plusieurs familles quittent la salle avant même que l'office ne commence. Un homme passe devant nous, le visage presque violet de rage. « C'est une insulte!, crie-t-il sans s'adresser à personne en particulier. Je vais directement voir le capitaine pour me plaindre. »

« Que se passe-t-il? » Papa arrête un autre homme qui, lui aussi, quitte la salle. L'homme s'arrête à peine. « Pendant la nuit, quelqu'un a accroché une photo d'Adolf Hitler dans la salle, dit-il enfin. Elle était là pour nous accueillir lorsque nous sommes arrivés à l'office ce matin. J'ai quitté l'Allemagne pour fuir ce fou, ajoute-t-il. Est-ce qu'il va nous suivre jusqu'à Cuba? »

Cet homme semble lui aussi prêt à exploser de colère. Il part en trombe, suivi par d'autres, qui semblent tous avoir renoncé à l'office de Chavouot.

« Papa? » je demande alors qu'une vieille frayeur familière s'insinue dans mon cou et fait dresser mes cheveux sur ma nuque. Qui a pu faire ça? Ce n'est évidemment pas un passager. Mais je ne peux pas imaginer qu'il peut s'agir d'un membre de l'équipage. Ils ont tous l'air si gentils, depuis les serveurs de la salle à manger jusqu'aux stewards qui nous permettent, à Leon, à moi et à la fille aux cheveux noirs bouclés, de courir sur les ponts. Mais peut-être que certains membres de l'équipage détestent secrètement les Juifs, et que c'est leur façon de le montrer, de nous montrer que nous ne sommes pas encore libres. C'est peut-être pour cela que le drapeau nazi est toujours là, flottant à l'arrière du navire.

« Peut-être que ce n'est pas tout le monde à bord qui a les mêmes bonnes intentions », répond Papa, comme s'il lisait dans mes pensées. Je me sens

Sol et ses parents sur le pont du *Saint Louis*.

soudain exactement comme il y a des années, le jour où les bancs du parc ont été peints en jaune.

Il y a des gens qui nous haïssent et nous méprisent. Des gouttes de pluie glissent sur mon visage et le bateau tangue d'un côté à l'autre sous mes pieds, mais je n'y fais pas attention. Papa me prend à nouveau la main, mais cette fois, il m'éloigne de la salle. Nous n'irons pas non plus à l'office. Nous quittons le pont et nous dirigeons vers notre cabine au fond du navire. Nous marchons en silence, mon père et moi. Demain, je vais retrouver mes amis, nous nous promènerons sur le bateau et nous jouerons ensemble, et je vais essayer d'oublier tout cela. Mais, comme les souvenirs des moments que nous avons laissés à Berlin, ces instants me donnent la chair de poule, et je sens que mes mains sont moites malgré le froid. Je me demande si la haine va nous suivre, peu importe où nous irons.

CE QUE SAVAIT LE CAPITAINE

PLUSIEURS MEMBRES de l'équipage à bord du *Saint Louis*, comme le capitaine Gustav Schroeder, n'étaient pas d'accord avec les convictions du parti nazi selon lesquelles les Juifs étaient une race inférieure qu'il fallait mépriser et à laquelle il fallait faire du mal. Klaus Ostermeyer, premier officier du navire, et Ferdinand Mueller, commissaire de bord, étaient deux des officiers qui admiraient le capitaine Schroeder et suivaient son exemple. Comme beaucoup d'autres, ils étaient déterminés à traiter les passagers juifs avec gentillesse et respect, comme l'avait ordonné le capitaine.

Cependant, le capitaine était certain que d'autres membres de l'équipage n'étaient pas aussi désireux de se montrer bienveillants à l'égard des familles juives. Le pire d'entre eux était un homme nommé Otto Shiendick. Il se trouvait à bord en tant que steward, mais était en réalité un espion de la Gestapo, la police secrète tant redoutée des nazis. Il était là pour mettre les passagers mal à l'aise, pour repérer les membres de l'équipage qui ne soutenaient pas le parti nazi et pour surveiller le capitaine. Il s'acquittait bien de sa tâche, et est même allé jusqu'à diffuser une bande d'actualités sur Adolf Hitler dans la salle de cinéma du navire et à accrocher une photo d'Hitler dans une salle qui servait de synagogue. Il a également rassemblé les membres de l'équipage qui le soutenaient dans la *Tanzplatz* pour entonner des chants de victoire nazis. Le capitaine Schroeder avait interdit ce genre d'activité. Il savait que tout rappel d'Hitler serait une insulte pour ses passagers juifs et allait effrayer ceux qui avaient déjà subi des actes d'antisémitisme dans leur ancienne patrie. Mais il était difficile, même pour le capitaine, de contrôler en permanence toutes les actions de chaque membre de son équipage. Et, comme Shiendick faisait partie de la Gestapo, le capitaine ne pouvait pas faire grand-chose pour arrêter ce représentant du parti au pouvoir. Il ne pouvait pas, par exemple, abaisser le drapeau de la croix gammée qui flottait à l'arrière du navire. Il s'agissait d'un ordre émanant directement de la Gestapo.

Otto Shiendick avait une autre raison de se trouver à bord du *Saint Louis*. Il se rendait à La Havane pour y rencontrer un autre espion nazi. Une fois à Cuba, Shiendick devait rencontrer cet espion pour récupérer des plans de sous-marins et de destroyers américains, qu'il était censé rapporter à la Gestapo en Allemagne. Ce plan avait comme nom de code l'opération Sunshine et l'espion nazi à La Havane, Robert Hoffman, était directeur adjoint du bureau de La Havane de la compagnie maritime qui possédait le *Saint Louis*.

Ironiquement, même si Shiendick ne se souciait pas du sort des passagers juifs à bord, il était extrêmement important pour lui que le navire accoste à La Havane, afin qu'il puisse exécuter les ordres de la Gestapo et rencontrer Hoffman.

Mais, alors que le capitaine Schroeder menait son navire à toute vitesse à travers l'Atlantique, les choses à La Havane devenaient de plus en plus compliquées. Même après l'adoption du décret 937 par le président cubain annulant les permis de séjour des Juifs à bord, Manuel Benitez, le directeur de l'Immigration qui avait délivré ces permis, continuait d'assurer à la compagnie maritime que les passagers seraient autorisés à débarquer. Il affirmait que les permis délivrés avaient été signés avant l'adoption du décret 937 et donc étaient valides et légaux.

Benitez n'avait jamais caché qu'il avait gagné beaucoup d'argent grâce à la vente de ces documents. En même temps, il se proclamait ami et allié des Juifs, travaillant en leur faveur. En réalité, il ne s'intéressait qu'à son propre bien-être. Ne voulant pas entrer en conflit avec le président Bru, il cherchait un moyen de contourner le dernier décret du président sans confrontation directe. Benitez était un homme arrogant, trop confiant, qui pensait que Bru finirait par reculer et autoriser les passagers du navire à débarquer, particulièrement si le *Saint Louis* se trouvait déjà dans le port de La Havane. Il était également convaincu qu'à un moment donné, il serait en mesure d'offrir à Bru un pot-de-vin, soit une part de ses propres bénéfices, soit de l'argent que la compagnie maritime paierait, afin de faire entrer les 937 passagers à La Havane.

Pendant ce temps, les Américains à Cuba, là pour travailler en faveur des réfugiés juifs, se heurtaient également à des obstacles. Outre Morris Troper, directeur de l'American Jewish Joint Committee, il y avait à La Havane une autre organisation américaine, appelée Jewish Relief Committee, qui se consacrait au soutien des réfugiés ayant déjà fui l'Allemagne, mais aussi à ceux qui continuaient d'en sortir, notamment les passagers du *Saint Louis*. Mais cette organisation n'avait pas beaucoup d'argent, et même si elle avait demandé des fonds au gouvernement des États-Unis, rien ne lui était parvenu. L'organisation avait besoin d'argent pour essayer de lutter contre les articles de journaux antisémites qui étaient publiés presque quotidiennement à La Havane. Et chaque jour, elle recevait des demandes de la part de familles juives déjà présentes à Cuba qui avaient des parents à bord du *Saint Louis*. L'organisation tentait de rassurer ces familles en leur disant que tout irait bien pour leurs proches et qu'ils les rejoindraient bientôt, mais, en fait, elle commençait à perdre espoir face à cette possibilité. Aussi, l'organisation était de plus en plus préoccupée par le fait que les États-Unis pourraient ne pas aider les réfugiés, si on le leur demandait.

Mais à bord du *Saint Louis*, le capitaine Schroeder ne divulguait aucune de ses inquiétudes quant au sort de son navire et de ses passagers. Son souci était d'amener le bateau à Cuba le plus rapidement possible, avec la santé et la sécurité de tous assurées. Mais cela ne s'est pas passé ainsi. Un couple âgé, Recha et Moritz Weiler, se trouvait à bord. Si Recha était soulagée de naviguer vers la liberté, Moritz, professeur d'université à la retraite, se montrait moins optimiste quant à leur avenir. De plus, il n'était pas en bonne santé. La dépression et sa mauvaise santé dont il souffrait depuis un certain temps s'étaient aggravées lorsque le bateau a pris la mer. Le mardi 23 mai, Moritz est décédé à bord du *Saint Louis*. Le capitaine n'a eu d'autre choix que de l'inhumer en mer. Afin de ne pas effrayer ou perturber les autres passagers, le capitaine Schroeder a demandé à un rabbin de célébrer le service à 23 heures, moment où il pensait que la plupart des passagers dormiraient. Plus tard, le capitaine a écrit dans son journal personnel ces pensées sur Moritz :

> *Cela lui a brisé le cœur de voir qu'à un âge avancé, il devait quitter la terre où, toute sa vie, il avait travaillé dans les meilleurs termes avec ses collègues… on sentait que sa volonté de vivre s'était éteinte*[2].

Peu après l'inhumation, un membre de l'équipage, déprimé par ces événements, s'est jeté par-dessus bord à l'endroit même où le corps de Moritz Weiler avait été glissé dans l'océan. Il s'agissait de Leonid Berg, un aide-cuisinier de trente ans. Le capitaine Schroeder a ordonné au navire de faire demi-tour et de partir à la recherche de l'homme disparu, sachant que cela leur ferait perdre un temps précieux pour arriver à Cuba. Ils n'ont pas retrouvé ce membre d'équipage et, après plusieurs heures de recherche, le navire a poursuivi son voyage.

Lisa

NOUS APPROCHONS de La Havane. Personne ne me l'a vraiment dit. Mais aujourd'hui, vers midi, j'ai décidé de me lever à nouveau et d'essayer de me rendre à la salle à manger pour tenter de manger quelque chose. Je n'ai pratiquement pas quitté ma cabine depuis la fois où je suis allée au cinéma avec Oma, une sortie qui s'est si mal terminée avec l'énorme visage d'Adolf Hitler déchaîné sur l'écran devant moi.

Je n'ai parlé de cette horrible nuit à personne, ni à Oma, ni à Mutti, et certainement pas à Phillip, qui continue à disparaître de notre cabine chaque matin et à réapparaître tout aussi mystérieusement à la fin de chaque journée. Du peu que Phillip me dit, j'ai appris que depuis que Mutti l'autorise à se promener sur le bateau sans surveillance, il s'est lié d'amitié avec quelques autres garçons à bord. Il semble qu'il y ait une infinité d'endroits à découvrir sur ce navire et il s'amuse comme un fou. Il se rend sur le pont et joue aux palets. Il est même allé au cinéma sans Mutti et Oma, mais je ne pense pas qu'il ait vu le même film d'actualités effrayant que nous. Oma a eu une brève conversation avec Mutti au sujet de cet incident lorsque nous sommes rentrées à la cabine ce soir-là. En fait, ce n'était pas vraiment une conversation, car Mutti avait trop le mal de mer pour répondre. Mais Oma a tout de même continué à fulminer.

« C'est scandaleux! Ne cessait-elle de répéter. Le capitaine va entendre parler de moi. En fait, dès que je vais avoir mis Liselotte au lit, je vais me rendre dans sa cabine pour déposer une plainte officielle. Il doit comprendre à quel point faire étalage d'Hitler nous a offensés, moi et beaucoup d'autres. »

Je ne sais pas si Oma s'est vraiment plainte au capitaine. Je ne sais pas s'il a fait quelque chose à propos de la bande d'actualités, ni même s'il a trouvé l'horrible personne qui nous a joué ce tour cruel. Oma n'en a plus parlé depuis, et je me suis glissée dans ma couchette pour passer ces derniers jours seule, toujours en proie au mal de mer. Je rêve de descendre du bateau et de me retrouver sur une surface qui ne tangue pas de haut en bas et qui ne fait pas faire la même chose à mon estomac!

Vous imaginez? Cela fait deux semaines que nous naviguons et je ne suis sortie du lit que quelques fois. C'est comme si j'avais perdu deux semaines entières de ma vie! Eh bien, c'est terminé. Aujourd'hui, je me lève et vais le rester.

Je suis plus faible que je ne le pensais, mais, bien sûr, je n'ai presque rien mangé depuis des jours. J'ai la tête qui tourne quand je me lève. Mais Mutti passe son bras autour de mes épaules et me guide. Bientôt, nous nous aidons mutuellement à marcher, car c'est la première fois depuis des jours que Mutti quitte elle aussi son lit de malade. Oma est plutôt épuisée de nous soigner toutes les deux, mais elle ne se plaindrait jamais de cela ni de quoi que ce soit d'autre d'ailleurs. Oma est trop fière pour se plaindre. Mais aujourd'hui,

Mutti et moi offrons à Oma une pause bien méritée. Nous sortons de notre cabine; « deux invalides en convalescence », plaisante Mutti, et faisons des pas chancelants sur le pont.

Nous sommes le vendredi 26 mai. Je le sais parce que Mutti a compté les jours pour nous, de la même manière que je comptais les heures jusqu'à mon anniversaire. Lorsque nous sortons sur le pont, je peux sentir un changement dans l'humeur des passagers, comme lorsque l'on ressent un changement dans la température. On dirait qu'ils semblent impatients. Et la température aussi est différente! L'air marin est plus chaud, je sens une douce brise qui transporte une chaleur humide sur le pont.

Soudainement, des gens nous bousculent, Mutti et moi, nous faisant presque tomber dans leur précipitation à atteindre le bastingage. Il y a un garçon, plus âgé que moi, qui saute sur les chaises longues, avec d'autres enfants qui lui emboîtent le pas. Ils s'arrêtent et courent eux aussi vers le bastingage. Même les personnes plus religieuses, qui semblent habituellement si sérieuses, sourient et hochent la tête à tout le monde alors qu'elles traversent le pont à toute vitesse. Nous rejoignons les passagers au bastingage et regardons l'horizon. J'aperçois au loin un rivage verdoyant. Je distingue des bâtiments! Et des arbres qui ressemblent à des palmiers, même si je n'en ai jamais vu en vrai. Je les reconnais d'après les livres que j'ai lus.

Je rapproche Mutti en désignant l'horizon. « Qu'est-ce que c'est? » Je suis pratiquement à bout de souffle.

Mutti secoue la tête, incertaine, puis arrête un steward qui passe. Il suit le doigt de Mutti et nous sourit. « C'est Miami, *Fräulein*, la côte de la Floride aux États-Unis. Nous devrions arriver à Cuba demain. » Puis il fronce les sourcils, touche sa casquette, s'incline légèrement et s'en va en marmonnant : « Tant de choses à faire avant d'être prêt! Tant de choses à faire… » C'est comme si lui aussi avait soudainement pris conscience à quel point nous approchions de la fin de notre voyage. Nous sommes si proches que je peux voir la terre, juste là, la terre américaine!

« Nous nous trouvons encore à une journée », dit Mutti en souriant devant mon excitation croissante et en m'entourant à nouveau de son bras. « Bientôt, le bateau quittera cette côte pour se rendre à Cuba. Mais un jour prochain, Lisa, nous serons de retour ici, en Amérique, ajoute-t-elle. Et nous ne regarderons pas depuis un bateau. Nous vivrons ici. »

D'un seul coup, je ne me sens plus malade. C'est incroyable ce que l'espoir peut faire. Il peut effacer les pires sentiments et vous faire sentir tellement mieux.

Mutti et moi, soudainement affamées, nous dirigeons vers la salle à manger. La grande salle est presque vide. La plupart des passagers de première classe ont déjà dîné, y compris Oma et Phillip, qui sont introuvables. Seuls quelques couples demeurent à leur table, sirotant thé et café en écoutant le petit orchestre qui divertit les passagers pendant qu'ils mangent. Je ne reconnais pas cette musique. Ce n'est pas la musique classique et l'opéra que je connais, grâce aux disques qu'Oma passe sur son phonographe. Mutti me dit qu'il s'agit de chansons américaines modernes. « Glenn Miller, dit-elle en fredonnant la mélodie. C'est un célèbre compositeur et chef d'orchestre américain. » La musique est rapide, avec un rythme qui me donne envie de danser. J'adore cette musique et j'espère que je vais en entendre encore lorsque nous serons enfin débarqués.

« La jeune mademoiselle va-t-elle assister au bal costumé de ce soir? » Un serveur s'est approché de notre table et dépose devant moi un bol de bouillon avec des boulettes. L'odeur est délicieuse.

« Un bal costumé? »

« Bien sûr, répond-il. C'est la tradition le dernier soir du voyage. »

Je regarde Mutti, espérant que cette nouvelle l'excite autant que moi. Mais elle secoue la tête. « Nous devons faire nos valises ce soir. Et ma fille ne se sent pas très bien. Elle a besoin de repos, dit Mutti. Je suis sûre qu'il y aura de belles fêtes costumées en Amérique », ajoute-t-elle, voyant la déception instantanée dans mes yeux, et tendant la main pour caresser

De nombreux jeunes enfants ont voyagé avec leur famille sur le *Saint Louis*.

ma joue. « Nous serons à Cuba demain, Lisa. Tu ne veux pas être reposée et bien réveillée lorsque tu débarqueras du bateau? »

Je hoche la tête avec hésitation. Bien sûr, je veux être prête. En fait, j'aimerais être la première à quitter le navire, même si je doute que ce soit possible! Pourtant, un bal costumé, ça a l'air tellement amusant. Je me demande si l'orchestre jouera des mélodies de Glenn Miller pour que tout le monde puisse danser.

Je ne vais pas me laisser abattre. Mutti a raison. Il y a beaucoup à faire. Nous devons remplir à nouveau nos valises vides avec tous les vêtements que nous avons déballés pendant que nous étions en mer. Et Mutti va nous aider à choisir les tenues spéciales que nous allons porter à notre arrivée à Cuba. Nous allons les disposer sur nos lits, en attendant le coup de corne matinal qui va nous réveiller pour notre toute nouvelle vie. Avant de m'endormir, je vais préparer mes poupées et les habiller avec les beaux vêtements qu'elles vont porter elles aussi pour quitter le bateau. Je me demande si je vais dormir cette nuit. Ma tête est pleine d'images de palmiers, de bâtiments blancs, de nouveaux amis et d'aventures qui m'attendent. Si je m'endors, je parie que mes rêves seront plus excitants que n'importe quel bal.

SOL

LE BRUIT DE CORNE annonçant notre arrivée à Cuba a retenti à 4 h 30 ce matin. Mais je n'ai pas eu besoin de cette détonation pour me réveiller. Je n'ai pas pu dormir plus de quelques minutes la nuit dernière, tellement j'étais excité. Alors que je me tortillais dans ma couchette, j'entendais le son lointain de l'orchestre jouant des airs de danse pour le bal costumé dans la grande salle de bal. Je ne voulais pas y aller, et il n'y a pas eu de discussion avec mes parents pour savoir si nous allions y assister ou non. Les bals sont pour les filles, alors pourquoi voudrais-je y assister? Mais avant d'aller me coucher, j'ai jeté un coup d'œil dans la salle de bal et j'ai vu des banderoles de couleurs vives et de grosses grappes de ballons suspendues aux lustres étincelants. Même si je me suis couché assez tôt, je suis resté éveillé bien après que la musique se soit tue. On aurait pu croire que j'allais être épuisé ce matin. Mais dès que la corne a annoncé que nous étions à Cuba, j'ai sauté de ma couchette et j'ai supplié mes parents de se lever rapidement eux aussi.

Nous avons fait nos trois petites valises en un rien de temps. Je porte le même pantalon et la même chemise que lorsque j'ai embarqué sur le *Saint Louis* il y a deux semaines; ce sont en fait les seuls bons vêtements que je possède. Alors que nous sommes assis dans notre cabine et que nous attendons les instructions pour débarquer, Papa sort nos documents et les pose soigneusement sur la couchette inférieure. Il les examine, tournant délicatement toutes les pages avec la plus grande attention.

« Voici nos passeports, un pour ta mère et un pour moi. Tu vois, Salo, ton nom est ici, dans le passeport de ta mère. »

Nos passeports ne portent pas la lettre « J » comme celui de tante Rose. C'est peut-être parce que les papiers de Papa viennent de Pologne. Les passeports polonais ne sont pas marqués de la même manière que les passeports allemands.

« Et voici nos permis de séjour pour Cuba, Papa continue, tout en feuilletant les autres documents. Nous les avons payés cher, Salo, mais cela vaut la peine, puisqu'ils vont nous permettre d'entrer à La Havane. »

« Nous devrons faire attention à notre argent à Cuba, ajoute Mutti. L'une des règles est que Papa ne sera pas autorisé à travailler pendant notre séjour. Les Cubains ne veulent pas que quelqu'un prenne leur travail. Quand nous irons aux États-Unis, nous pourrons travailler et gagner de l'argent. »

Je hoche la tête. Je n'ai besoin de rien d'autre que de quelques amis et de ma famille. J'ai l'habitude de me contenter du minimum. Cela ne me dérange pas du tout.

« Et ça, dit Papa en brandissant le dernier de nos papiers, c'est le permis qui va nous permettre d'entrer aux États-Unis après notre séjour à La Havane. Tu vois ce numéro, Salo? Quand ce numéro sera appelé, nous pourrons aller en Amérique. »

Les passagers du *Saint Louis* étaient excités de voir le rivage de La Havane après deux semaines en mer.

Je lui demande : « Pourquoi devons-nous attendre? Pourquoi ne pouvons-nous pas y aller tout de suite? »

Le regard de Papa s'attarde un instant sur le document qu'il tient entre ses mains, comme s'il admirait un diamant précieux, puis il me regarde. « Il y a beaucoup de Juifs comme nous qui essaient d'entrer en Amérique. Le gouvernement dit que nous devons attendre notre tour. »

« C'est un peu comme faire la file, comme on faisait pour aller au cinéma à Berlin », explique Mutti.

« Mais nous serons patients, et bientôt notre numéro sera appelé et nous partirons, conclut Papa triomphalement. Et je vais travailler à nouveau, en tant que tailleur, comme avant. » Je peux attendre l'Amérique, bien sûr. Nous devrons tous attendre.

J'ai failli oublier quelque chose de merveilleux! Je vais revoir ma cousine Edith aujourd'hui à La Havane. Tout à coup, mon cœur se gonfle de bonheur.

J'ouvre le hublot de notre cabine et je regarde le rivage qui commence à s'éclairer. Il fait encore assez sombre, avec une brume bleue sur le ciel gris et un soupçon de lumière sur le point d'exploser dans l'aube. La chaleur du jour qui commence souffle déjà à travers l'ouverture. Le vent chaud me rappelle la sensation que j'ai un jour ressentie lorsque j'étais fiévreux à cause de la diphtérie, une infection effrayante qui peut endommager le cœur. C'était juste après le départ de tante Rose pour Cuba. Non seulement Mutti s'inquiétait pour Papa, qui était en Pologne, mais elle était aussi triste du départ de tante Rose, *et*, en plus, elle avait peur que je meure! Il a fallu des semaines pour que j'aille mieux. Ma gorge avait tellement gonflé que je ne pouvais plus avaler et j'avais du mal à respirer. Je brûlais, je sentais la chaleur étouffante de ma fièvre monter de mon corps par vagues. La chaleur de ce matin n'est pas aussi chaude que cette fièvre, rien ne pourrait l'être…

Pourtant, cette brise humide semble étrange sur ma peau. Mutti dit que je vais m'habituer rapidement à tout ce qui concerne Cuba.

Le navire a jeté l'ancre, mais ne se trouve pas au quai. Nous sommes à une certaine distance de la terre, dans un chenal menant au port de La Havane. Je ne sais pas pourquoi le bateau ne s'est pas arrêté au quai et quand je le demande à Mutti et Papa, ils haussent les épaules et secouent la tête. Plus tard, alors que je me dirige vers le pont supérieur, j'entends des passagers demander aux membres de l'équipage pourquoi nous sommes arrêtés ici. L'équipage ne semble pas avoir d'informations non plus. Chaque steward ou serveur a une réponse différente.

« Les documents doivent être vérifiés en mer avant que le navire ne puisse accoster. »

« Les autorités sanitaires devront monter à bord du navire et vérifier que tous les passagers sont exempts d'infections. Cuba ne veut pas que des maladies atteignent ses côtes. »

« C'est un port très fréquenté et c'est un gros navire. Ils devront nous faire une place sur le quai, ce qui peut prendre du temps. »

Les raisons ne cessent de s'accumuler. Chacune d'entre elles est logique, même s'il paraît étrange que personne ne semble connaître la véritable, ou du moins, que personne ne puisse s'accorder sur une seule. Mais je ne suis pas inquiet, et personne d'autre ne semble très préoccupé par ce retard. C'est peut-être toujours ce qui se passe lorsqu'un paquebot arrive dans un nouveau port. Les membres de l'équipage s'acquittent de leurs tâches et continuent de sourire et de servir les passagers. Et les gens à bord sont si enthousiastes. Les femmes sortent précipitamment de leurs cabines avec leurs enfants, vêtues de leurs plus beaux habits, s'appuient sur le bastingage et pointent du doigt le rivage. Les maris portent des sacs et des caisses qui commencent à s'entasser sur les différents ponts, comme ils se sont entassés sur le quai de Hambourg avant notre départ. J'aperçois Leon, debout avec ses parents, près du bastingage. Je capte son regard et je le salue. Il me montre les chaises longues qui se trouvent à proximité et se met à sauter, me rappelant que nous devrions vivre une dernière aventure sur le bateau avant d'en descendre.

Mutti est venue se placer à côté de moi près du bastingage. « Regarde, dit-elle en montrant la rive. Les bâtiments sont d'un blanc pur. Ne sont-ils pas beaux, Shloimele? Ils ont l'air si propres. »

Je hoche la tête. Lorsque le soleil se lève à l'horizon, il accroche les bâtiments blancs et se reflète si vivement que, même à cette distance, je dois me protéger les yeux pour ne pas être aveuglé par l'éblouissement. Ici et là, j'aperçois des clochers d'églises fendant le ciel. À l'une des extrémités du port se dresse ce qui ressemble à une forteresse, avec d'imposants murs de briques qui s'élèvent au-dessus de la mer. Je jette un coup d'œil à Mutti, qui semble aussi captivée que moi par la vision de La Havane. Son visage est paisible et je ressens moi aussi une joie sereine de me trouver ici, appuyé contre elle. Le temps semble presque s'être arrêté.

« Le 27 mai, dit-elle, avec une note particulière dans la voix. Je me souviendrai toujours de ce jour. »

« Mutti! je crie en me détournant du bastingage pour lui faire face. C'est ton anniversaire aujourd'hui. Comment avons-nous pu l'oublier? »

Mutti me regarde et sourit. « Nul besoin de cadeau ou de fête, mon chéri. Il me suffit de savoir que nous sommes enfin arrivés. »

Je n'arrive pas à croire que j'ai oublié l'anniversaire de ma mère. L'idée d'arriver à Cuba a chassé tout le reste de mon esprit. Nous devrions faire une grande fête pour elle quand nous serons avec Edith et ses parents. Oui, c'est ce que nous ferons, je vais y veiller. Je m'accroche au bras de Mutti et je rêve à notre vie dans cette nouvelle ville blanche.

CE QUE SAVAIT LE CAPITAINE

QUELQUES JOURS AVANT l'arrivée du *Saint Louis* dans le port de La Havane, le capitaine Schroeder savait déjà que les réfugiés juifs de son navire ne seraient pas autorisés à débarquer. Il avait reçu un autre télégramme de son siège social l'informant du nouveau décret 937, qui signifiait que la plupart de ses passagers se verraient refuser l'entrée à Cuba. On lui avait dit d'accélérer, car la situation n'était pas claire, mais le télégramme l'avertissait que la situation pourrait devenir critique.

Ce message avait grandement préoccupé le capitaine, mais, pour ne pas alarmer ses passagers, il ne leur avait pas annoncé cette nouvelle. Il avait espéré que ce ne serait qu'un contretemps temporaire et que le navire finirait par pouvoir accoster. Il était soulagé que le *Saint Louis* soit arrivé à La Havane avant les deux autres navires qui s'y rendaient également. La rapidité avec laquelle il avait mené son navire avait porté ses fruits et le *Saint Louis* était le premier.

Mais alors que le navire approchait du port, un second télégramme était arrivé. Il indiquait au capitaine Schroeder de jeter l'ancre à l'extérieur du port et l'avertissait de ne pas essayer d'amarrer le navire. Cela n'a fait qu'ajouter à l'anxiété que le capitaine Schroeder ressentait déjà. Il estimait que les passagers du *Saint Louis* se trouvaient sous sa responsabilité jusqu'à ce qu'ils soient sur la terre ferme et le capitaine redoutait de plus en plus qu'ils ne puissent pas débarquer.

Pendant ce temps, à La Havane, des centaines de télégrammes parvenaient au bureau du président Bru, l'exhortant à empêcher les voyageurs juifs d'entrer à Cuba. La propagande mensongère diffusée par les nazis produisait l'effet escompté. Le président Bru s'est alors trouvé encore plus convaincu qu'il avait eu raison d'adopter le décret 937 pour empêcher les Juifs d'entrer à Cuba. Bien que le directeur de l'Immigration, Manuel Benitez, ait tenté de voir le président Bru, il a été éconduit. Benitez, qui avait été un ami proche et un conseiller du président, n'avait même pas pu franchir la porte du palais présidentiel. Cuba ne serait pas une terre d'accueil pour les Juifs à bord du *Saint Louis*.

Les représentants américains du Jewish Relief Committee avaient désespérément besoin d'aide. Leurs requêtes ont finalement été entendues lorsque deux membres d'une organisation basée à New York sont arrivés à Cuba pour prendre en charge la situation. L'un d'entre eux était un travailleur social dont la tâche consistait à trouver des logements et des écoles pour les passagers du *Saint Louis* s'ils étaient autorisés à débarquer. L'autre, Lawrence Berenson, était un avocat chargé de négocier avec le président Bru. Il offrait au président jusqu'à 125 000 dollars, soit l'équivalent de près de 2 millions de dollars d'aujourd'hui, comme garantie qu'aucun des passagers n'aurait besoin d'une aide financière du gouvernement cubain s'ils étaient autorisés à entrer dans le pays. En outre, il promettait que les passagers juifs ne prendraient pas d'emplois aux Cubains en essayant de trouver du travail pendant leur séjour dans le pays. Berenson espérait que cela suffirait à faire reculer le président Bru et à autoriser le débarquement des passagers du *Saint Louis*.

Lisa

CELA FAIT DES JOURS que nous ne bougeons pas et que rien ne se passe. Chaque passager attend que le capitaine annonce que le navire va bientôt accoster, pour que nous puissions enfin descendre. Mais il ne fait aucune annonce. Le capitaine n'est pas apparu, et personne ne semble savoir pourquoi.

« Patience, dit Mutti. Nous devons être patients et nous finirons par débarquer. »

Eh bien, je perds patience. Et même si mon estomac va mieux depuis que le bateau s'est arrêté, j'ai toujours très hâte de toucher enfin la terre ferme.

Le premier jour de notre arrêt, l'un des membres de l'équipage a hissé un drapeau jaune à l'arrière du navire. Un autre passager a dit à Mutti qu'il s'agissait d'un drapeau de « quarantaine ». Cela signifiait qu'il pouvait y avoir des maladies à bord et qu'il fallait vérifier. Un médecin cubain a pris un petit bateau et est monté à bord du navire, en grimpant une échelle longue et étroite qui avait été descendue au niveau de la mer. Tous les passagers ont été invités à se rendre dans la grande salle afin qu'il puisse nous examiner pour d'éventuelles maladies.

« Mutti, j'ai été malade pendant le voyage, ai-je dit, un peu effrayée. Est-ce que ça veut dire que je ne pourrai pas descendre? » Nous nous trouvions dans une longue file de passagers qui serpentait autour du pont supérieur jusqu'à la grande salle.

Mutti a passé son bras autour de mon épaule. « Ne t'inquiète pas, Lisa. Le médecin cherche d'autres maladies, celles qui pourraient se propager à La Havane. Un petit mal de mer n'en fait pas partie. »

Je suis tout de même restée près de Mutti, me cachant légèrement derrière elle, espérant ne pas être remarquée lorsque notre famille s'est approchée du médecin qui se tenait à l'avant de la file. Il portait un costume blanc, presque aussi éclatant que les bâtiments blancs qui parsemaient la rive du port de La Havane. Le docteur Glauner, médecin du navire, se tenait à côté de lui, l'air légèrement contrarié que quelqu'un d'autre soit venu à bord pour examiner *ses* passagers. Lorsque cela a été notre tour, j'ai retenu mon souffle, mais le médecin de La Havane m'a à peine regardée. Il a posé quelques questions à Mutti, que je n'ai même pas entendues. La peur que nous soyons expulsés de Cuba résonnait si fort dans ma tête qu'elle m'empêchait d'entendre leurs voix. Enfin, le médecin a griffonné quelque chose sur une feuille de papier et nous a congédiés, Mutti, Oma, Phillip et moi, en s'inclinant rapidement. J'ai poussé un soupir de soulagement. Plusieurs heures plus tard, quand tout le monde à bord a été examiné, le médecin cubain est redescendu par l'étroite échelle jusqu'à son petit bateau à moteur, qui s'est éloigné du navire en vrombissant. Puis le drapeau jaune a été abaissé.

C'était il y a trois jours et nous sommes toujours là, à attendre.

Depuis quelques jours, de petites embarcations ont commencé à apparaître autour du *Saint Louis*. Des gens dans des voiliers, des bateaux à moteur et des petits canots pneumatiques sont venus voir le navire et les passagers qui sont à bord. Mutti dit que nous sommes un spectacle pour les habitants de La Havane qui viennent nous observer. Je me demande si les personnes dans ces petits bateaux savent que nous sommes des Juifs fuyant l'Allemagne. Je me demande s'ils comprennent à quel point nous avons besoin de trouver la sécurité dans leur pays. Là, une fille dans un petit bateau de pêche me fait signe. Je lève la main et lui réponds. Elle semble avoir à peu près mon âge. Sa peau est très bronzée et ses longs cheveux noirs sont tressés, comme ceux de ma poupée. Elle pourrait être mon amie à La Havane, me dis-je rêveusement. Mais un instant plus tard, son bateau s'éloigne, et je me demande à nouveau quand nous retrouverons enfin la terre ferme.

Les pêcheurs et leurs familles ont été les premiers à venir nous voir. Mais en l'espace de quelques jours, les petites embarcations qui s'approchent du *Saint Louis* transportent également des hommes et des femmes venus à la recherche d'amis et des parents qui sont à bord. Je vois ces petites embarcations tourner lentement autour du navire, comme les chevaux colorés du manège au *Englischen Garten*. Les personnes dans ces petits bateaux regardent attentivement nos immenses ponts, à la recherche de visages familiers. La chaleur de la journée est interrompue par des cris de joie lorsque les passagers aperçoivent quelqu'un qu'ils connaissent dans un canot pneumatique.

« Je suis là, Klara! », crie une femme à côté de moi.

« Dis à mon frère Erich que je vais bien! », crie quelqu'un d'autre.

Quelques bateaux s'approchent trop près du *Saint Louis* et sont repoussés par des navires de police venus eux aussi du port. Les petites embarcations s'éloignent à une distance respectable, tandis que leurs passagers continuent de lancer des salutations à ceux qui se trouvent à bord du paquebot. Entre les cris de joie de retrouver un être cher, il y a des demandes d'informations pour savoir quand nous débarquerons. Les mêmes réponses reviennent sans cesse sur le pont du *Saint Louis*.

Des proches des passagers venus à bord de petites embarcations, comme ce remorqueur, pour saluer leurs amis.

« Bientôt, répondent les gens dans les petits bateaux en lançant des mots d'encouragement. Les autorités à terre s'efforcent de faire débarquer tout le monde. Essayez d'avoir un peu de patience et tout ira bien. »

Patience! Voilà encore ce mot. Et même si Mutti semble calme malgré les jours qui passent, une pointe de peur a commencé à s'insinuer dans mon esprit. Je n'arrive pas à expliquer pourquoi j'ai peur. Peut-être que c'est simplement l'idée de repartir loin d'ici et d'avoir à nouveau le mal de mer. Peut-être est-ce parce qu'aucun membre de l'équipage n'a de meilleures réponses à nous donner que les gens qui font le tour du navire en petit bateau. Quoi qu'il en soit, je peux sentir l'incertitude, et elle grandit comme un glaçon dans mon cœur.

Lorsque je demande à nouveau à Mutti quand nous pourrons débarquer, elle repousse ma question d'un geste de la main. « Bientôt, dit-elle, comme tous les autres. Cesse de tant t'inquiéter, Lisa. Nous avons des papiers qui nous permettront d'entrer à La Havane. De toute façon, Cuba n'est qu'une étape temporaire pour nous. Nos vrais papiers nous permettent d'aller en Amérique. D'une manière ou d'une autre, nous pourrons bientôt descendre. »

Mais je ne suis toujours pas convaincue.

Cela fait maintenant quatre jours que nous attendons ici. Et je commence à voir que je ne suis pas la seule à être inquiète. Les gens ne parlent pas beaucoup. Ils se promènent sur les ponts du navire ou s'arrêtent au bastingage pour observer les petits bateaux qui circulent autour et amènent des proches pour parler à ceux qui sont à bord. Mais, comme le capitaine n'a pas donné de nouvelles, l'excitation a fait place au doute, et maintenant, à la peur de ce qui va nous arriver.

Mutti et moi nous tenons au bastingage, comme nous l'avons fait ces quatre derniers jours, nous ne disons pas grand-chose et nous regardons la file interminable de bateaux qui vont et viennent depuis le rivage. Elle est silencieuse, perdue dans des pensées que je ne peux pas lire. Ses yeux ont perdu l'éclat qu'ils avaient lorsqu'elle parlait de quitter le bateau.

Il doit faire plus de cent degrés sur le pont. Le soleil de midi est puissant et se répand sur nous avec l'intensité d'un grand feu. Cela ne me dérange pas. C'est mieux que le froid et l'humidité de l'Allemagne. Autour de moi, des

Parmi les passagers qui se tiennent au bastingage du *Saint Louis* se trouve la mère de Lisa. Elle est à l'arrière de la foule, au centre, et porte des lunettes noires.

femmes essaient de se rafraîchir avec des éventails improvisés et des hommes enroulent leurs mouchoirs autour de leur cou. De nombreux passagers ont l'air de se faner, comme des fleurs laissées trop longtemps au soleil.

Soudain, je sens Mutti se raidir à côté de moi et, quand je me tourne pour la regarder, je vois qu'elle fixe l'eau et pointe du doigt un petit bateau qui s'approche. Je suis son doigt. Le bateau à moteur n'a rien d'extraordinaire. Il ressemble aux dizaines d'autres qui tournent en rond autour de notre navire depuis quatre jours. Un homme se tient à l'avant de cette embarcation. Il est chauve et le soleil scintille sur son front brillant.

« Regarde, regarde! Je n'arrive pas à y croire. C'est… c'est ton oncle Werner! » Au début, Mutti reste sans voix, tellement elle est stupéfaite de voir le mari de sa sœur jumelle. Mais presque immédiatement, elle retrouve ses esprits et commence à crier et à faire des signes à l'homme sur le bateau. En quelques secondes, celui-ci lui répond par un signe de la main.

« Werner, Werner, nous sommes là! » hurle Mutti. Elle bondit de haut en bas et fait de grands gestes. « Il a dû prendre l'avion pour La Havane », m'explique-t-elle, toujours en faisant des signes de la main et en dansant de joie. Mon oncle Werner vit en Amérique, dans une ville appelée Hackensack. Je suis aussi très étonnée de le voir ici. Je regarde son embarcation s'approcher le plus près possible avant que les bateaux de la police ne l'arrêtent. Je me sens tout à coup emplie de joie, pensant que nous allons enfin être sauvés.

Oncle Werner crie quelque chose à Mutti, mais je n'arrive pas à l'entendre à cause de la grande distance entre son bateau et nous, sur le pont supérieur. Il faut plusieurs minutes avant de comprendre ce qu'il dit, et ses mots, lorsqu'ils me parviennent enfin, ne sont pas exactement ce que j'avais envie d'entendre.

« J'essaie de vous faire quitter le navire, crie-t-il. Mais cela va prendre plus de temps, quelques jours tout au plus. Soyez patients. »

J'en ai assez d'être patiente. Je n'en peux plus d'attendre. Je me lève pour me pencher par-dessus le bastingage et je hurle : « Emmène-moi, maintenant! » Mes bras se tendent, implorant oncle Werner d'escalader le côté du navire et de m'arracher de ce pont.

Oncle Werner est si proche. Il représente la sécurité de notre famille en Amérique. Et pourtant, il semble si loin. Nous avons traversé un océan pour arriver jusqu'ici, et ces derniers mètres sont les plus longs et les plus difficiles à franchir. J'ai tellement peur que nous ne puissions pas débarquer. Je suis aussi terrifiée à l'idée que le bateau parte et d'avoir à nouveau le mal de mer, d'être si nauséeuse que je vais avoir envie de mourir. Mais peu importe, j'ai besoin que mon oncle me sauve maintenant!

Mutti m'éloigne du bastingage. « Lisa, dit-elle en me serrant contre elle alors que je continue à pleurer pour que mon oncle me fasse quitter le navire. Calme-toi. Tu as entendu ton oncle Werner. Cela ne prendra que quelques jours de plus, c'est tout. Nous sommes arrivés jusqu'ici. Nous pouvons attendre quelques jours de plus, n'est-ce pas? »

Je pleure trop fort pour comprendre ce que dit Mutti. Je ne veux pas attendre une seconde de plus, encore moins un jour de plus. Mais il n'y a rien que je peux faire. Tandis que je pleure dans les bras de Mutti, oncle Werner fait un dernier signe d'adieu et le pilote du bateau fait demi-tour pour se diriger vers le rivage. Bientôt, il rejoint la file de petites embarcations qui retournent à l'embarcadère, puis il disparaît.

SOL

IL SE PASSE quelque chose et j'ai un mauvais pressentiment. Depuis les quelques jours que nous sommes arrêtés ici, l'ambiance à bord s'est dégradée. Le premier matin, tout le monde était ravi d'être enfin là. Tous pleuraient et s'étreignaient, pointant du doigt le rivage comme s'il s'agissait de la ligne d'arrivée d'une grande course. « Nous sommes libres! », criaient-ils. Mais Papa dit que les longues journées chaudes et les nuits encore plus longues ont eu raison de tous les passagers. Aujourd'hui, ils se tiennent silencieusement au bastingage et regardent d'un œil vide le rivage qui semble s'éloigner à mesure que le temps passe.

Même Mutti et Papa se sont joints à ceux qui restent debout toute la journée à regarder. Mes parents semblent perdus dans leurs pensées pendant des heures. Lorsque je leur demande ce qui se passe, ils balaient mes questions du revers de la main en disant que nous allons bientôt débarquer. Mais je sais qu'ils sont inquiets. L'excitation du jour où Papa nous a montré nos permis de séjour a disparu. Et les rumeurs selon lesquelles l'un des passagers aurait sauté du bateau pour tenter de mettre fin à ses jours ont fait pleurer ma mutti.

Lorsque cet événement s'est produit, nous étions dans la salle à manger en train de dîner. Même les repas sont différents maintenant. Même s'il y a encore beaucoup de nourriture par rapport à ce que Mutti et moi avons eu après que Papa nous a été enlevé en Allemagne, il y en a beaucoup moins qu'avant. Les plats ne sont qu'à moitié remplis. Les pichets de lait ont été remplacés par des verres individuels. Il y a même moins d'eau fraîche.

Alors que nous étions assis en train de manger de petits sandwichs, nous avons entendu une agitation sur le pont à l'extérieur de la salle à manger. J'ai d'abord cru que c'était le signal que nous allions enfin débarquer, et j'ai sauté de ma chaise, prêt à courir vers la passerelle. Papa m'en a empêché. « On nous dira quand il sera temps de descendre, Salo. Assieds-toi et finis de manger. »

Je me suis enfoncé dans mon siège, même si j'avais très envie de sortir pour voir ce qui se passait. Puis j'ai attendu d'entendre l'annonce par haut-parleur disant que nous allions enfin pouvoir débarquer. Mais elle ne s'est jamais fait entendre, et bientôt le bruit à l'extérieur de la salle à manger s'est estompé. Nous avons terminé notre repas dans le même silence.

Ce n'est que ce soir-là que Papa et Mutti m'ont expliqué qu'il y avait du chahut à bord parce qu'un passager avait sauté du bateau. « Pauvre homme, dit Mutti en secouant la tête. Il aurait pu se tuer en sautant du pont supérieur. C'est peut-être ce qu'il avait en tête. »

« Mais pourquoi essayerait-il de se faire du mal? » ai-je demandé. Nous étions tous impatients de partir, mais ce désespoir n'avait aucun sens pour moi.

Papa a haussé les épaules. « Il doit être malade, voire fou, pour penser que sauter est une solution. »

« Il va bien? »

« Je crois qu'il a été emmené à l'hôpital de La Havane », a répondu Papa.

« Sa famille est toujours sur le bateau, a ajouté Mutti. Sa pauvre femme. J'arrive à peine à la regarder, elle semble si perdue sans son mari. »

C'est tout ce que mes parents ont dit, puis ils se sont détournés, refusant d'en parler davantage. Je ne comprenais pas pourquoi cet homme avait sauté. Même lorsque les choses allaient vraiment mal pour ma famille, nous voulions toujours vivre. Comment cet homme était-il devenu si désespéré que la seule façon de s'en sortir était de s'enlever la vie? Je voyais bien que cela avait affecté mes parents plus qu'ils ne voulaient le dire. Ce regard familier teinté de peur s'était à nouveau glissé dans les yeux de Mutti, ce qui me faisait réfléchir et m'inquiétait.

C'était il y a quelques jours, je crois. J'ai perdu le compte des jours depuis notre arrivée ici. Cela fait trois? Quatre? Ils se fondent en un grand flou tandis que nous continuons à nous tenir au bastingage et à regarder le rivage. De petits bateaux provenant du quai tournent en rond autour du navire. Ils transportent des pêcheurs locaux qui sont sortis pour nous observer comme si nous étions des animaux dans un zoo. Il y a même des photographes et des caméramans sur ces petites embarcations. Ils prennent des photos et font des films d'actualités de notre bateau et de nous. J'ai entendu un passager dire à un autre que ces images et ces films d'actualités étaient diffusés dans tous les pays du monde. « Nous sommes célèbres », a-t-il dit avec un rire amer.

Le premier jour, les petits bateaux sont arrivés chargés de fruits et ont été autorisés à accoster près du navire. Plusieurs gros ananas ont été transportés à bord et les membres de l'équipage se sont empressés de les peler, de les couper en tranches et de les distribuer aux passagers. J'ai mangé de l'ananas pour la première fois de ma vie, et le souvenir de ce goût sucré et juteux est resté gravé dans ma mémoire et reste l'un des moments les plus agréables de ces derniers jours.

La nuit, les bateaux de pêche sont remplacés par des patrouilleurs de police. Leurs projecteurs balaient toute la longueur du *Saint Louis* et sondent l'océan, à la recherche d'autres passagers qui auraient pu penser qu'ils pouvaient eux aussi sauter, soit vers la mort, soit vers la liberté. Après l'incident avec l'homme qui a sauté, la police ne prend aucun risque. Certains membres de l'équipage du navire ont même commencé à patrouiller sur les ponts la nuit, frappant aux portes des cabines pour demander si tout allait bien. C'est comme s'ils craignaient que quelqu'un d'autre ne tente de sauter.

Aujourd'hui, il y a de jeunes Cubains d'environ mon âge sur certains des petits bateaux. Un homme debout à côté de moi semble savoir ce qu'ils veulent et lance quelques pièces de monnaie dans l'eau. Un jeune garçon sur l'un des canots pneumatiques plonge pour récupérer l'argent. Une minute s'écoule, puis il surgit de la mer, tenant triomphalement une pièce dans sa main tendue. Plusieurs hommes applaudissent, puis une pluie de pièces sont jetées du pont et une demi-douzaine de jeunes garçons plongent dans l'eau pour récupérer le trésor. Pendant quelques minutes, ce jeu se poursuit. Les passagers lancent des pièces de monnaie et les petits Cubains plongent dans l'eau pour les chercher. Nous rions tous et nous applaudissons lorsque les nageurs remontent des profondeurs avec l'argent dans les mains. Mais ce moment cesse lorsque les patrouilleurs de la police s'approchent et ordonnent aux petites embarcations de s'éloigner. Le spectacle est terminé et nous retournons à l'observation et à l'attente.

Parfois, les passagers du navire crient des questions aux pêcheurs cubains qui encerclent le navire. « Quand pourrons-nous débarquer? demandent-ils. Savez-vous quand nous pourrons descendre de ce navire? »

Il est difficile d'entendre leurs réponses. Leurs voix se perdent dans le vent et la distance qui sépare le navire de leurs embarcations. Mais un mot s'élève vers nous. Il est répété à plusieurs reprises et c'est le premier mot espagnol que j'entends. « *Mañana!* », crient les pêcheurs cubains, accompagnés de leurs enfants. « Demain. »

« *Mañana!* » Je fais rouler ce mot dans ma bouche, souhaitant et priant que demain arrive maintenant et que nous puissions débarquer.

En plus des pêcheurs cubains, il y a d'autres personnes, des proches de passagers, qui viennent nous voir de loin sur le navire. Puis le silence s'interrompt lorsqu'un passager aperçoit un être cher en bas et qu'il y a des cris de reconnaissance et des conversations interrompues. Les visages de ces passagers s'illuminent de joie. Ils ont maintenant l'espoir d'être bientôt à terre avec leurs amis et leur famille. Chaque jour, je me demande quand nous reverrons quelqu'un que nous connaissons. Quand nos proches viendront-ils nous chercher?

Un petit bateau à moteur passe rapidement devant les autres petites embarcations. Il attire mon attention. J'ai du mal à y croire, mais c'est bien vrai produit. Ils sont là, j'en suis sûr. Je vois à bord un homme, une femme et une jeune fille à l'air familier, debout à l'avant du bateau. L'homme se protège les yeux du soleil, tandis que la femme pointe du doigt notre direction. Mais c'est la jeune fille qui me fait me pencher par-dessus le bastingage. Elle porte dans ses cheveux un gros ruban blanc qui rebondit au gré des vagues. Je connais ce ruban. Edith! Ma cousine et ses parents sont là!

Les passagers du *Saint Louis* tentent de communiquer avec leurs amis et leurs proches qui sont venus les voir à bord de petits bateaux, espérant avoir des nouvelles concernant le moment où ils pourront débarquer. Sol a parlé avec Edith par le hublot.

« Edith ! » Je crie son nom encore et encore, en agitant mon bras au-dessus de ma tête comme s'il s'agissait d'un drapeau. « Là-haut, Edith. Nous sommes là-haut ! » Mutti et Papa se mettent à agiter les bras et à crier aussi.

« Taisez-vous, ordonne une femme plus âgée à côté de moi. Moi aussi j'ai des proches en bas. Et j'ai des choses importantes à leur dire. »

Elle se dresse devant moi et agite son doigt près de mon visage. Mais je me moque de ce qu'elle dit et de son air autoritaire. Je continue à crier et à faire des signes, terrifié à l'idée que ma cousine ne me voie pas. Finalement, Edith m'aperçoit, m'envoie la main et indique à ses parents l'endroit où nous sommes. Elle crie quelque chose, tout comme mon oncle Adolf et ma tante Frieda. Mais la femme à côté de moi a raison. Il est presque impossible d'entendre quoi que ce soit à cette distance et dans le brouhaha des autres qui crient aussi à leurs proches. Et puis, une solution me vient à l'esprit.

« Regarde, Mutti. » Je montre le bateau à moteur de ma cousine. « Notre hublot est là, juste à l'endroit où se trouve leur bateau. Si nous descendons dans notre cabine et que nous ouvrons le hublot, nous serons tout près d'Edith et de ses parents. »

Mutti me regarde, étonnée. « Shloimele, dit-elle enfin. Tu es un génie ! »

« Notre héros du jour », ajoute Papa.

À force de grands cris et de gestes, nous faisons comprendre à notre famille que nous la rejoindrons au hublot, puis nous dévalons les escaliers, six niveaux, jusqu'à ce que, essoufflés, nous entrons dans notre cabine et ouvrons grand le hublot. La petite embarcation à moteur dans laquelle se trouvent Edith et ses parents n'est plus qu'à quelques mètres de nous. Si je tends la main, je peux presque la toucher, toucher ma famille. Ma tante et mon oncle pleurent de joie, tout comme mes parents.

« Je n'arrive pas à croire que vous êtes là », finit par bégayer Mutti.

« Et vous aussi, répond ma tante Frieda. Tout ira bien, ajoute-t-elle immédiatement. Nous en sommes sûrs. »

« Il y a des organisations juives qui font tout ce qu'elles peuvent, nous dit oncle Adolf, avant même que nous ayons posé la question. Ne vous inquiétez pas. Encore quelques jours et vous serez tous à terre avec nous. »

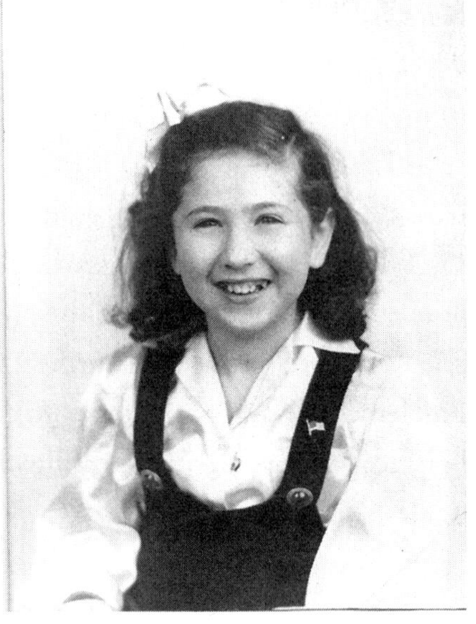

Sol a aperçu la boucle blanche caractéristique d'Edith depuis le pont du navire.

Je veux croire ce que dit mon oncle. Il a l'air si encourageant, et c'est bon de savoir qu'il y a des groupes juifs qui s'efforcent de nous faire quitter le navire. Mais personne ne répond lorsque mon père demande pourquoi l'attente est si longue. Mon oncle se contente de hausser les épaules et tante Frieda détourne le regard. Je me demande si oncle Adolf croit vraiment que nous allons débarquer. Je me penche davantage par le hublot pour pouvoir parler à Edith. « J'ai hâte d'être à terre avec toi. »

Ma cousine hoche la tête. « Moi aussi. Je vais te montrer toutes les choses intéressantes à voir à La Havane, Salo. »

Pendant un instant, j'envisage sérieusement de passer par le hublot afin de rejoindre Edith dans son petit bateau. En une seconde, je pourrais être avec elle, et sa famille me ramènerait à terre. Mais je sais que c'est impossible. Les policiers qui encerclent le navire me repéreraient immédiatement, et je risquerais de mettre en danger la sécurité de mes parents en même temps que la mienne si j'essayais de m'enfuir. D'ailleurs, qu'est-ce que je fuis? Je veux croire que mon oncle et les autres disent la vérité. Si nous sommes patients, nous pourrons bientôt débarquer.

« Rose vous embrasse », dit tante Frieda.

« Mais où est-elle? » demande Mutti.

« Elle a dit que ce serait trop dur de vous voir et de repartir ensuite, répond ma tante. Mais elle va bien et a hâte que vous soyez à terre avec elle. »

Mutti se détourne de la fenêtre pour fouiller dans sa valise. Une minute plus tard, elle revient vers le hublot, portant de petits cadeaux qu'elle lance à nos proches dans leur bateau. « Il y a des bonbons pour toi, Edith, et du parfum pour toi, Frieda, et pour Rose. Ce n'est pas grand-chose, vraiment, ajoute t elle. Je suis heureuse de pouvoir enfin vous les donner. Au moins, ces cadeaux arriveront à terre même si nous ne pouvons pas… » Mutti s'arrête et me jette un coup d'œil rapide. Elle pleure à nouveau et parvient à peine à prononcer d'une voix étranglée ces mots. Papa tend le bras par le hublot, essayant de serrer la main d'oncle Adolf. Tante Frieda est sur le point de répondre lorsque le pilote cubain crie soudain quelque chose et leur bateau commence à s'éloigner du hublot. Notre temps est écoulé.

Je crie « Au revoir, Edith! », saluant une fois de plus ma cousine qui s'éloigne, devenant de plus en plus petite dans la fenêtre.

« On se reverra bientôt. » C'est mon oncle qui prononce ces derniers mots.

En quelques secondes, leur bateau a viré de bord pour regagner la rive à toute vitesse. Nous restons seuls devant le hublot, envoyant la main et pleurant jusqu'à ce que nous ne puissions plus les voir. Je sens un frisson me parcourir, dans cette chaleur étouffante, comme si un vent froid avait soudain traversé ma fine chemise. Nous fermons la fenêtre, sans dire un mot, et remontons sur le pont supérieur, où nous reprenons nos anciennes places à la rambarde. Et nous continuons à attendre.

CE QUE SAVAIT LE CAPITAINE

À L'ARRIVÉE DU *Saint Louis* dans le port de La Havane, le capitaine avait constaté l'excitation et le soulagement de ses passagers, puis leur doute et leur inquiétude, car il n'était pas en mesure de leur donner une idée du moment où ils pourraient débarquer. Un vieil homme, Max Loewe, était devenu tellement déprimé et effrayé pendant cette attente au port qu'il avait tenté de se suicider. Max avait été avocat en Allemagne et avait été contraint d'abandonner son cabinet. Il avait réussi à réserver des billets sur le *Saint Louis* pour sa famille et lui, mais, quelques semaines avant leur départ, il avait appris que son nom figurait sur une liste d'arrestation et de déportation vers un camp de concentration. Il s'était alors caché de la Gestapo et était parvenu à embarquer avec sa famille sur le *Saint Louis*. Il était terrifié à l'idée de retourner en Allemagne et d'être arrêté, et les bateaux de police qui patrouillaient autour du *Saint Louis* lui avaient rappelé la Gestapo. Désespéré, il s'était tailladé les poignets et avait sauté par-dessus bord. Max avait été secouru par l'un des bateaux de la police et emmené à l'hôpital de

Le capitaine Schroeder a formé ce comité de passagers
afin de transmettre des messages au reste des Juifs à bord.

La Havane. Sa femme et ses enfants n'avaient pas été autorisés à descendre du bateau pour le rejoindre. Le capitaine Schroeder pouvait comprendre la panique de Max Loewe et craignait que d'autres passagers anxieux ne tentent la même chose. Il avait donc ordonné à son équipage de patrouiller dans le navire et de garder l'œil ouvert.

Le capitaine Schroeder a également décidé de former un comité de passagers de cinq hommes, avec lesquels il espérait pouvoir élaborer un plan pour traiter avec le reste des passagers si la situation à La Havane devenait effectivement désespérée. Après avoir lu le télégramme indiquant que le navire ne serait pas autorisé à accoster pour le moment, les membres du comité ont demandé au capitaine s'il avait l'intention de retourner en Allemagne. Ils savaient que tous leurs compagnons de voyage à bord craignaient cette éventualité. Tous estimaient que si le navire retournait en Allemagne, la vie de chacun des passagers juifs serait menacée. La plupart d'entre eux seraient arrêtés et probablement envoyés dans l'un des nombreux et terrifiants camps de concentration déjà établis dans le pays pour emprisonner les Juifs et d'autres groupes méprisés. Personne ne savait cela mieux que le capitaine Schroeder. Il a assuré aux membres de son comité qu'il avait la ferme intention d'aider toutes les personnes à bord, et il a promis de faire tout ce qui était en son pouvoir pour empêcher le *Saint Louis* de retourner à Hambourg. D'ailleurs, a-t-il assuré aux membres de son comité, si tout devait échouer et que le navire devait en effet quitter La Havane, il ne faisait aucun doute dans son esprit que les États-Unis allaient intervenir et sauver les réfugiés juifs.

Certaines personnes ont été autorisées à descendre assez rapidement à La Havane. Les six passagers non juifs qui se trouvaient à bord ont été parmi les premiers à être transportés à terre. Finalement, vingt-quatre réfugiés juifs, dont on pensait qu'ils avaient acheté leurs permis de séjour auprès d'autres sources que le corrompu Manuel Benitez, ont été autorisés à débarquer. Leurs documents ont été les seuls à être honorés par Cuba.

Pendant que, jour après jour, les passagers attendaient appuyés contre le bastingage, des tractations se déroulaient à terre et sur le bateau. Otto Schiendick, l'espion de la Gestapo, avait finalement pu entrer en contact avec son correspondant cubain, Robert Hoffman. Ce dernier a été autorisé à monter à bord et a pu remettre les plans de sous-marins et de destroyers américains, achevant ainsi son rôle dans l'opération Sunshine. Il avait transporté à bord ces plans pour Shiendick sur des microfilms qui se trouvaient dans deux stylos à plume, une canne et quelques magazines. Il s'est avéré facile de transmettre ces documents à Shiendick devant la police cubaine et le capitaine Schroeder, qui ne s'est pas douté que cette combine entre espions se déroulait sous son nez.

Pendant ce temps, Lawrence Berenson, l'avocat du comité américain, tentait toujours de négocier avec le président Bru la libération de tous les passagers juifs. Mais jusqu'à maintenant, il n'avait pas eu de chance. Le président réclamait un demi-million de dollars (l'équivalent de 7,5 millions de dollars d'aujourd'hui) pour permettre aux Juifs de quitter le navire. Berenson pensait pouvoir discuter de cette somme avec le président, et peut-être la ramener à un montant plus raisonnable. Mais le président Bru a refusé. Cependant, par un étrange retournement de situation, il avait laissé entendre qu'il serait prêt à poursuivre les discussions sur le sort des passagers du *Saint Louis*. Sa condition était que le navire quitte le port de La Havane le 2 juin au plus tard et se dirige à une distance de trois milles de la côte cubaine, soit la limite des eaux territoriales cubaines. Le capitaine Schroeder savait qu'il n'avait pas d'autre choix que de suivre les ordres du président. Si

HAMBURG AMERIKA LINIE

Die Cubanische Regierung zwingt uns den Hafen zu verlassen. Sie hat uns erlaubt, noch bis morgen bei Tage hierzubleiben und es wird die Abfahrt hiermit auf

10 Uhr Freitag morgen

festgesetzt. Mit der Abfahrt sind die Verhandlungen keineswegs abgebrochen.

Erst der durch Abfahrt des Schiffes herbeigeführte Zustand ist Vorbedingung für das Eingreifen des Herrn Berenson und seiner Mitarbeiter.

Die Schiffsleitung bleibt in weiterer Verbindung mit sämtlichen jüdischen Organisationen und allen anderen amtlichen Stellen und wird mit allen Mitteln zu erreichen suchen, dass eine Landung ausserhalb Deutschlands stattfindet und wir werden vorläufig in der Nähe der amerikanischen Küste bleiben.

gez. Schröder

Kapitän.

L'annonce du capitaine Schroeder informant les passagers de la décision du gouvernement cubain de forcer le navire à quitter La Havane.

le navire ne quittait pas les eaux cubaines, la marine cubaine allait le forcer à sortir. Le capitaine a supposé que le président Bru agissait ainsi pour satisfaire ceux qui faisaient pression sur lui pour que les réfugiés quittent Cuba, tout en continuant à être en mesure de négocier davantage d'argent. Mais le capitaine n'avait pas perdu espoir de pouvoir débarquer ses passagers à Cuba.

Le capitaine Schroeder a alors réuni son comité de passagers et leur a demandé d'écrire des télégrammes à d'importants représentants cubains, les suppliant d'intervenir et de les sauver. Le premier message a été adressé à l'épouse du président Bru :

Plus de 900 passagers, 400 femmes et enfants, vous demandent d'user de votre influence et de nous aider à sortir de cette terrible situation. L'humanitarisme traditionnel de votre pays et votre sensibilité féminine nous font espérer que vous ne refuserez pas notre demande[3].

Ce télégramme n'a jamais reçu de réponse.

Le jeudi 1er juin, le capitaine Schroeder a affiché un avis qui se lisait comme suit :

Le gouvernement cubain nous a ordonné de quitter le port. Nous partirons à 10 heures vendredi matin. Mais notre départ ne signifie pas que les discussions avec le gouvernement cubain sont terminées. Ce n'est qu'en quittant La Havane que M. Berenson et ses collègues pourront continuer à travailler. Le navire restera en contact avec toutes les organisations juives et tous les autres organismes officiels. Ils continueront à essayer d'organiser un débarquement en dehors de l'Allemagne. Entre-temps, le navire va rester à proximité des côtes américaines[4].

Alors que l'équipage préparait le navire au départ, un représentant du Jewish Relief Committee de Cuba est monté à bord et s'est adressé aux passagers qui s'étaient rassemblés dans la grande salle. Il leur a dit d'être forts et de ne pas craindre un retour en Allemagne. Il a ajouté qu'il y avait des gens partout à travers le monde qui travaillaient pour s'assurer que cela n'arrive pas. Ses dernières paroles ont été les suivantes :

> *Votre comité va recevoir des nouvelles des États-Unis et de nous très souvent, peut-être toutes les deux heures. Le monde vous observe. Vous êtes désormais une seule et même famille*[5].

Le vendredi 2 juin, malgré l'angoisse de nombreux passagers, le *Saint Louis* a levé l'ancre et a quitté le port de La Havane en douceur. Le capitaine Schroeder était dévasté à l'idée de laisser tomber ses passagers juifs de cette manière. Il n'était pas du tout convaincu que les discussions entre Lawrence Berenson et le président Bru allaient aboutir à quelque chose de fructueux. Désormais, il pensait qu'une seule solution était possible. Si Cuba n'admettait pas les Juifs du *Saint Louis*, alors les États-Unis devraient certainement venir à leur secours.

Lisa

LE NAVIRE QUITTE le port de La Havane! Ce matin, j'ai terminé mon déjeuner rapidement pour pouvoir profiter de la brise et regarder le rivage cubain. Il n'y a pas grand-chose d'autre à faire depuis notre arrivée. Les journées sont longues et chaudes, et je passe le plus clair de mon temps au bastingage avec tous les autres passagers. Je n'ai même pas eu envie d'ouvrir un livre, vous imaginez! Il fait si chaud que je n'arrive presque plus à respirer. Dormir se révèle impossible, même avec les hublots grands ouverts. Mais j'ai retrouvé l'appétit, maintenant que nous sommes arrêtés et que le pont reste stable. C'est bon de pouvoir manger, même s'il y a moins de nourriture que lorsque nous étions en mer. Oma dit que mes joues s'arrondissent à nouveau et que j'ai enfin retrouvé un peu de couleur.

Aujourd'hui, en sortant sur le pont, j'ai vu une file de petits bateaux amarrés à la longue échelle sur le côté du navire. Les petits bateaux étaient remplis de tonneaux d'eau et de lait ainsi que de gros chargements de fruits, de légumes, d'œufs et d'autres aliments. Les boîtes et les paquets ont été hissés sur les épaules de nos membres d'équipage, qui ont grimpé péniblement l'échelle, puis ont disparu avec leur chargement dans la salle à manger. Je savais que cela voulait dire l'une de deux choses. Nous avions besoin de cette nourriture soit pour continuer à attendre ici, soit pour que le navire puisse poursuivre son voyage. Ce qui est arrivé ensuite m'a fait comprendre que nous étions sur le point de partir. D'autres bateaux se sont approchés du naivre, transportant des amis et des proches des passagers, comme mon oncle Werner. Mais ce matin, les proches et les amis n'envoyaient pas la main et ne lançaient pas de messages joyeux aux passagers qui se trouvaient au-dessus d'eux sur le pont. Au contraire, ils pleuraient et criaient au revoir. Lorsque j'ai entendu les gens en dessous de nous faire leurs adieux, mes mains se sont agrippées fermement au bastingage et mes jointures sont devenues blanches. Il était maintenant certain que nous allions partir.

C'est terrifiant! Nous ne sommes pas censés quitter La Havane. Nous sommes censés débarquer à La Havane. Nous sommes censés trouver des maisons ici où nous vivrons jusqu'à ce que nous allions en Amérique. Au lieu de cela, comme dans un cauchemar, le navire commence à lever l'ancre et la corne émet une série de notes d'adieu graves qui me traversent le corps. Des bateaux de police se placent maintenant entre notre navire et les petites embarcations, les empêchant de s'approcher trop près de nous ou de nous suivre hors du chenal. La raison pour laquelle ces petites embarcations voudraient nous suivre demeure un mystère pour moi. Moi, je veux les suivre. Je veux changer de place avec eux! Les enfants sur ces petites embarcations ont un foyer. Ils peuvent aller à l'école et jouer dans un parc, et leurs parents ont un travail et des occupations. Ils peuvent mettre la table pour le repas dans leur maison, à l'abri des nazis, loin du danger. Qu'avons-nous? Nous avons des caisses et des boîtes d'effets personnels quelque part au fond du navire et maintenant, nous n'avons nulle part où les déballer.

« Tu ne dois pas t'inquiéter, Lisa. » Ma mère se tient à côté de moi près du bastingage du pont supérieur. Oma nous a également rejoints, ainsi que Phillip. En fait, je crois que tous les passagers du *Saint Louis* sont sortis de leurs cabines pour se tenir au bastingage alors que le navire s'éloigne de Cuba. Nous observons tous les bateaux de police qui forment une barrière entre nous et les plus petites embarcations. Nous regardons tous les gens en bas nous saluer et nous crier au revoir.

« Le capitaine a affiché un communiqué concernant ce départ », dit Mutti en m'annonçant la nouvelle que j'avais déjà devinée.

« Mais pourquoi partons-nous, Mutti? »

« Le communiqué indique que le gouvernement cubain ne nous permettra pas de rester ici. Il dit que le capitaine et d'autres personnes vont continuer à essayer de trouver un endroit où nous pourrons débarquer. »

Je hoche la tête même si tout ceci m'ébranle. Un grondement se fait entendre loin en dessous. Il s'agit du bruit des moteurs que l'on met en marche. Ils crachotent et gémissent d'abord, comme s'ils étaient eux aussi réticents à partir. Ils se sont habitués au silence et à l'immobilité, tout comme nous. Mais soudain, ils se mettent à tourner, à rugir et à s'animer. Et la mer à côté du navire commence à s'agiter tandis que les moteurs entraînent l'eau derrière nous. Ma mère me prend la main tandis que le navire s'éloigne lentement vers le large.

J'essaie de ne pas m'inquiéter. Je répète en silence des choses dans ma tête, des choses que je dois croire. Le capitaine a promis qu'il travaillait fort pour que nous soyons en sécurité. Et je fais confiance au capitaine. Pourquoi nous laisserait-il tomber? Il a fait en sorte que nous soyons si bien traités ici, sur le navire, pendant notre voyage à travers l'océan, à l'exception de ce moment terrible lors de la projection du film d'actualités sur Hitler. Mais cela devait être une erreur, et ça ne s'est pas reproduit depuis. Pourquoi laisserait-il quelque chose de mal nous arriver maintenant? De plus, Mutti n'arrête pas de me dire que nos documents sont vraiment destinés pour les États-Unis. Donc, si nous ne pouvons pas débarquer à La Havane, nous pourrons sûrement le faire une fois que nous aurons atteint les côtes américaines. Cela me rassure. Je ferme les yeux et je fais abstraction de tout le reste. Je dois y croire.

Puis j'entends des bruits. J'ouvre les yeux et je regarde autour de moi. Beaucoup de gens ont l'air effrayés et bouleversés. Certains pleurent et même crient. À côté de moi, une femme âgée s'est effondrée à genoux. Elle se tient la tête entre les mains et se balance d'avant en arrière comme si elle souffrait. Plusieurs hommes essaient de la soulever, mais elle ne bouge pas. Un petit garçon, plus jeune que moi, se tient à côté d'elle. Il tire sur son bras, mais elle l'ignore.

Peut-être que ces personnes sont très bouleversées et effrayées parce qu'elles laissent tous leurs proches à Cuba. Je me sens mal pour ces gens, mais une fois de plus, je suis reconnaissante que notre famille se trouve en Amérique. Oncle Werner a probablement repris l'avion pour Hackensack et je pense qu'il va nous attendre là-bas avec tante Edith et Arthur.

Mais il y a quelque chose qui me fait très peur en ce moment, quelque chose qui fait trembler mes genoux.

Alors que le navire commence à prendre lentement de la vitesse, je demande : « Mutti, si le bateau repart en mer, je serai à nouveau malade? »

Mutti secoue la tête d'un air compatissant. « Je suppose que si c'est le cas, nous serons malades toutes les deux », dit-elle.

Cela ne m'apaise pas vraiment. Je lui demande : « Combien de jours nous séparent de l'Amérique? »

« Les côtes américaines se trouvent à seulement une journée. Mais je ne suis pas sûre que nous irons directement là-bas, répond-elle, sans expliquer ce que cela signifie. Il se peut que nous soyons en mer pendant quelques jours, quatre ou cinq au maximum. »

Je réfléchis et je respire profondément. Je me promets de ne pas me laisser gagner par le mal de mer pendant cette partie du voyage. Je peux tenir quatre jours, même cinq. Je vais prendre de profondes respirations, je vais fixer l'horizon et tenter d'ignorer les secousses sous mes pieds. La récompense à la fin de ce court voyage sera la plus douce de toutes.

SOL

LE NAVIRE QUITTE La Havane. J'entends le cliquetis de la gigantesque chaîne de l'ancre hissée hors de la mer. Les moteurs, silencieux depuis cinq jours, ronronnent puissamment, et les vibrations m'atteignent sur le pont supérieur. Elles traversent mes pieds dans mes chaussures, montent le long de ma colonne vertébrale puis parcourent mes bras et mes mains. Le *Saint Louis* sort lentement du port.

« Qu'est-ce qui se passe, Papa? » Nous nous tenons près du bastingage, comme nous le faisons depuis que nous sommes arrivés ici.

« Nous partons, Salo. On ne peut pas faire autrement », répond-il tranquillement.

Mon père dit cela calmement. Mais tout autour de nous, les gens pleurent et crient. C'est comme si le bruit des moteurs avait soudainement appuyé sur un bouton chez tous les passagers, libérant un flot de sentiments qu'ils avaient gardés à l'intérieur toute la semaine. « Nous ne pouvons pas partir, sanglote une femme. Que va-t-il nous arriver? » Ses cris sont repris par d'autres personnes qui se tiennent également au bastingage, les bras tendus vers le rivage, comme si elles espéraient que quelqu'un allait venir les chercher sur le navire et les emmener là-bas. Plusieurs hommes à l'allure religieuse prient bruyamment et se balancent d'avant en arrière, les yeux fermés. D'autres passagers restent silencieux. Cinq jours se sont écoulés et maintenant nous partons. Je ne comprends pas ce qui se passe.

Sol et son père sur le pont supérieur alors qu'ils s'éloignent de La Havane.

« Mais pourquoi partons-nous? Tout le monde a dit que ce n'était qu'une question de temps avant que nous ayons la permission de quitter le navire. » À ce moment-là, Papa se détourne. Il n'a pas de réponse à me donner. Je vois bien qu'il est aussi troublé que moi, mais je continue à lui demander des explications. C'est plus fort que moi. « Qu'en est-il des gens sur le rivage qui ont travaillé pour nous faire débarquer? Que leur est-il arrivé? » Il demeure silencieux et pâle. Je sais que mon père ne détient pas d'informations secrètes, mais j'ai l'impression qu'il devrait en avoir. C'est mon papa…

Même l'équipage, d'habitude si serviable, n'est pas en mesure de donner des renseignements. Plusieurs hommes arrêtent l'un des stewards, lui bloquent le passage et exigent des informations. « C'est inacceptable, s'écrie l'un d'eux en brandissant son poing avec colère au visage du membre d'équipage. Ils ne peuvent pas nous refuser l'entrée. » D'autres se rassemblent et se joignent à la protestation, jusqu'à ce que le steward s'excuse, marmonnant qu'il doit se rendre à son poste et faire son travail. Autour de moi, les passagers se remettent à prier et à pleurer. Je me tourne vers mon père.

« Papa, et le capitaine? » Je n'ai jamais vu le capitaine Schroeder. Mais tout le monde dit que c'est un homme honnête. Et en plus, ils disent qu'il se soucie des passagers du navire. Ce n'est pas un de ces Allemands qui souhaitent notre mort. Il veut nous aider. « Pourquoi ne fait-il rien? » dis-je en insistant.

Papa affiche alors un air triste et abattu. « Même le capitaine Schroeder n'a pas le pouvoir de nous faire débarquer. Il ne peut faire que ce que le gouvernement cubain lui permet de faire. Et il semble que cette porte se soit fermée pour nous. »

« Mais nos papiers, Papa, tu m'as montré le permis de séjour et notre numéro pour entrer en Amérique. » Je ne peux pas croire que les papiers, les documents officiels, sont inutiles.

Mon père en a assez de cette conversation. Il cesse de parler, les lèvres pincées en une fine ligne. Il se retourne vers le bastingage et regarde le quai de La Havane, qui devient de plus en plus petit au loin. On dirait que des milliers de personnes se sont rassemblées sur le rivage pour nous voir partir ce matin. Certaines font des signes de la main, d'autres crient, mais nous ne les entendons pas à cause de la distance qui s'accroît. Peut-être nous souhaitent-elles bonne chance? Je me demande si elles s'inquiètent de ce qui va nous arriver. Ou bien se réjouissent-elles de notre départ? Tout ce que je sais, c'est qu'il n'y aura pas de «*mañana*». Cinq lendemains se sont succédé.

Le rivage n'est encore qu'à quelques centaines de mètres. Mais ce qui semblait être un petit bond vers la sécurité apparaît maintenant comme une distance interminable. Je me rends compte que j'ai eu ma chance de sortir d'ici lorsqu'Edith et sa famille sont venues nous voir quelques jours plus tôt. Aujourd'hui, je regrette de ne pas avoir saisi cette chance et de ne pas avoir sauté du navire vers leur petite embarcation.

Je me demande si Edith est au courant du départ de notre navire. Je me demande si elle est quelque part sur ce quai, debout avec ces milliers d'autres, à nous regarder partir. Si elle est là, elle doit s'inquiéter pour nous, pour *moi*. Et elle doit être triste de savoir que je ne vais pas la rejoindre dans son école et sa synagogue ni dans son parc ou son terrain de jeu, courant librement sous le soleil brûlant. Au lieu de cela, je suis ici, sur le pont du *Saint Louis*, et je regarde le quai rétrécir en me demandant ce que nous allons devenir.

Mutti est venue nous rejoindre près du bastingage. Elle s'efforce de ne pas me montrer qu'elle est bouleversée, mais je peux lire sur le visage de ma mère en un seul regard. Et en plus, je peux deviner ce qu'elle pense.

«Ne t'inquiète pas, Shloimele», dit-elle.

Je réponds d'un ton de défi : « Mais *toi*, tu es inquiète, Mutti. » Elle ne réagit pas. « Où allons-nous aller? » C'est peut-être la question la plus importante du moment. « On retourne en Allemagne? »

« Non! Papa a presque crié. Il n'y a aucune chance que le capitaine ramène ce navire là-bas. J'en suis certain. »

« Mais où alors? » Le bateau commence à prendre de la vitesse. Une brise a commencé à glisser sur le pont. Cela apporte un soulagement bienvenu à cette chaleur incessante.

« L'Amérique va devoir nous prendre, répond Papa. Je sais que notre numéro n'est pas encore sorti, ajoute-t-il en nous regardant, Mutti et moi. Mais le président Roosevelt ne va pas ignorer un navire empli de Juifs. Il va faire preuve de compassion. J'en suis certain aussi. »

J'essaie de croiser le regard de Mutti, mais elle l'évite. Je ne sais pas comment mon père peut être aussi sûr que l'Amérique va nous accepter. Nous avons déjà cru que Cuba allait nous permettre de débarquer et ces espoirs ont été anéantis. L'Amérique va-t-elle mieux nous traiter? C'est une question que je n'ose pas poser.

CE QUE SAVAIT LE CAPITAINE

APRÈS AVOIR LEVÉ l'ancre, le capitaine Schroeder a déplacé le *Saint Louis* à trois milles de la côte cubaine, puis a fait décrire de grands cercles à son navire. Il espérait recevoir un message lui demandant de ramener les passagers au port, mais il craignait que rien ne se passe. Il n'y avait aucune communication de qui que ce soit et les réserves à bord du navire commençaient à s'épuiser. Même s'il avait réussi à faire charger quelques provisions supplémentaires avant que le navire ne quitte La Havane, le capitaine Schroeder savait qu'il ne restait de nourriture que pour une douzaine de jours en mer. S'il ne parvenait pas à accoster rapidement le navire, il n'aurait d'autre choix que de le ramener en Europe. Or, il avait promis à ses passagers qu'il ne ferait jamais cela.

Quelques jours après avoir quitté le port, le capitaine a enfin reçu deux télégrammes consécutifs qui lui ont donné l'espoir d'une possible solution pour les passagers. Le premier message indiquait que la République dominicaine toute proche accepterait les Juifs. Le second message disait qu'il y avait encore un espoir de pouvoir débarquer à Cuba.

Soulagé, le capitaine Schroeder a rapidement réuni son comité de passagers pour leur annoncer la nouvelle de ces deux issues possibles. Même s'ils étaient hésitants à dire quoi que ce soit avant d'avoir reçu une offre ferme, les membres du comité ont accepté de transmettre l'information à tout le monde à bord. Entre-temps, le capitaine Schroeder a décide de naviguer vers le nord, en direction de Miami, en Floride. Il estimait que le temps plus frais au nord serait un changement bienvenu pour les passagers en attendant que l'une de ces options soit confirmée.

Ce que le capitaine ignorait, c'est qu'à La Havane, Lawrence Berenson, de l'American Joint Distribution Committee (JDC), se trouvait derrière ces deux solutions possibles. Lorsque Berenson avait appris que le président cubain avait ordonné au *Saint Louis* de quitter les eaux territoriales cubaines, il avait été plus convaincu que jamais que le président Bru essayait simplement de ne pas perdre la face et qu'il finirait par faire marche arrière et autoriser les passagers à rentrer à La Havane. Il ne s'agissait que d'une question de temps et d'argent. Berenson était prêt à négocier et pensait pouvoir ramener le navire à Cuba dans les quarante-huit heures.

Lawrence Berenson a tenté de négocier le débarquement des passagers à Cuba.

L'une des suggestions de Berenson était que le président Bru permette aux réfugiés de rester sur une île cubaine déserte au large des côtes pendant qu'ils prenaient des dispositions pour leur destination ultime. L'*Isla de la Juventud*[6] avait été utilisée comme prison pendant des siècles et se trouvait à une cinquantaine de milles au sud et à l'ouest de l'île principale. (En fait, des années plus tard, de 1953 à 1955, le dirigeant cubain Fidel Castro y serait emprisonné.) Berenson pensait que l'île serait une destination idéale pour les passagers du *Saint Louis*, loin des regards critiques des Cubains qui allaient peut-être continuer à protester contre l'arrivée des Juifs dans leur pays. Il pensait que Bru envisageait sérieusement cette option.

Entre-temps, d'autres pays du monde entier avaient également été sollicités pour accueillir les passagers du *Saint Louis*. C'est à ce moment que la République dominicaine s'était manifestée et avait accepté d'offrir un refuge aux Juifs contre le versement d'un demi-million de dollars. C'était la même somme que le président Bru avait exigée. Lawrence Berenson était très heureux. Il pensait alors pouvoir jouer les deux pays l'un contre l'autre, soit la République dominicaine et Cuba, et négocier le « meilleur prix » pour les passagers. Berenson avait donc proposé au président cubain 50 000 dollars (soit l'équivalent de plus de 750 000 dollars d'aujourd'hui) et pensait que l'accord allait être scellé en un rien de temps. Il était même allé jusqu'à visiter l'*Isla de la Juventud* pour la préparer à l'arrivée des passagers.

Les négociations se sont intensifiées. Le président Bru a rapidement rejeté l'offre de 50 000 dollars de Berenson et est revenu à la charge avec une offre de son cru. Il acceptait que les passagers du *Saint Louis* débarquent sur l'*Isla de la Juventud* pour une somme de 150 000 dollars (soit environ 2,4 millions de dollars d'aujourd'hui). Il a ajouté que la nourriture, le logement et d'autres besoins devraient également être payés pendant la période où les passagers vivraient sur l'île. Berenson disposait de quarante-huit heures pour accepter cette offre, faute de quoi elle serait retirée.

Lisa

J'AI À NOUVEAU le mal de mer. Dès que le bateau a pris le large, les vagues se sont intensifiées et les horribles secousses ont repris. Rapidement, j'ai commencé à avoir l'estomac barbouillé et j'ai dû me réfugier dans l'obscurité de ma couchette. Mutti m'a expliqué que le bateau suit la côte de Cuba vers la Floride. Elle me dit que si je monte sur le pont, je vais apercevoir de nouveau la côte de Miami. Mutti n'est pas malade cette fois-ci, alors elle s'assoit près de moi et parle pour me tenir compagnie. Elle me lit même des livres avec des mots anglais que je commence à apprendre. J'ai appris à dire « school », « park », « please » et « thank you ». J'aime la sensation de ces mots dans ma bouche quand je les dis à haute voix, et je sais qu'en m'exerçant, je vais bientôt être capable de les dire sans la moindre trace de l'accent allemand que j'ai encore. Mais même si c'est amusant de pouvoir essayer des mots et des phrases en anglais, et que cet apprentissage me fait oublier mon mal de mer, je n'ai toujours pas envie de me lever. « Avertis-moi quand nous serons sur le point d'accoster, Mutti, ai-je dit. À ce moment, je vais me lever et partir! »

Hier, tout semblait être sur le point de s'arranger. Mutti est venue me dire que le capitaine avait affiché un avis indiquant que nous allions retourner à Cuba et que nous allions rester sur une île au large de la côte jusqu'à ce que nous nous rendions à nos autres destinations. Je me suis levée pour aller sur le pont supérieur. Il y régnait une agitation joyeuse et un certain nombre de passagers avaient déjà sorti leurs valises.

« Nous allons prendre le déjeuner, Lisa, a dit Mutti en m'entraînant vers la salle à manger. Je vais envoyer un télégramme à ton oncle Werner dès que nous aurons quitté le navire. Il sera tellement soulagé de savoir que nous sommes en sécurité. » Mutti était hors d'haleine. Ses yeux pétillaient et elle dansait presque de joie. « Et demain, c'est l'anniversaire de ton frère, a-t-elle ajouté. Voilà une autre raison de célébrer. »

Moi aussi, j'aurais aimé être excitée. Je voulais danser avec Mutti et parler de l'île où nous allions vivre jusqu'à ce que nous fassions des projets avec ma famille en Amérique. Je voulais même organiser une fête pour l'anniversaire de Phillip. Mais quelque chose me disait qu'il était trop tôt pour commencer à célébrer. Cela me rendait nerveuse, et il s'est avéré que j'avais raison. Le bateau n'est jamais retourné à Cuba, même si je ne comprends pas très bien pourquoi. Nous n'avons pas envoyé de message à oncle Werner. Personne n'a chanté « Joyeux anniversaire » à Phillip. Les valises ont à nouveau disparu du pont supérieur, et je suis retournée dans ma couchette. Depuis, je ne me suis pas levée.

À présent, nous n'avançons même pas très vite, alors je ne comprends pas pourquoi je me sens si mal. Mutti dit que le capitaine navigue lentement en décrivant de grands cercles en mer et qu'il attend que l'une des deux choses suivantes se produise. Soit nous naviguerons à nouveau jusqu'à La Havane et nous y accosterons enfin, soit nous arriverons à Miami et nous y débarquerons. Pour moi, tous les choix sont bons, pourvu que quelque chose arrive bientôt! Mais lorsque je demande à Mutti quand nous arriverons à l'une de ces destinations, elle n'a pas de réponse pour moi.

« Personne ne le sait encore, Lisa. Mais je suis certaine qu'on nous le dira bientôt. » Une fois de plus, l'étincelle a disparu des yeux de Mutti.

J'insiste : « Mais Mutti, pourquoi le capitaine ne choisit-il pas un endroit et qu'il n'y va pas? Le capitaine est responsable de ce navire, alors pourquoi ne peut-il pas l'emmener où il veut? »

Ma mère secoue la tête. « J'aimerais que les choses puissent s'arranger aussi facilement, ma chérie. Mais il semble que Cuba ne veuille pas de nous. Et peut-être même que les États-Unis sont réticents à laisser entrer les Juifs qui sont à bord de ce bateau. Le capitaine ne peut rien faire sans la permission de Cuba ou des États-Unis. Même les organisations qui s'affairent en notre nom ont des problèmes… Ne t'inquiète pas, ajoute-t-elle rapidement en voyant mes yeux s'écarquiller. Je suis sûre que les États-Unis vont finir par nous laisser entrer. Et si ce n'est pas le cas, alors ce sera un autre pays. N'oublie pas que nous avons nos papiers… »

J'ai cessé d'écouter ma mère, en partie parce que je recommence à ressentir des martèlements dans ma tête, que mon estomac se soulève et que j'ai besoin de fermer les yeux et de prendre de profondes respirations. Mais je pense aussi à ce que ma mère vient de dire à propos des pays qui ne veulent pas nous prendre, qui ne veulent pas de Juifs. C'est la première fois qu'elle dit une chose pareille.

Je sais que nous sommes détestés en Allemagne. Adolf Hitler a hypnotisé de nombreux Allemands et leur a fait croire que nous étions d'horribles êtres humains, alors qu'en réalité, c'est lui le méchant. Je sais aussi que tous les Allemands ne détestent pas les Juifs. Ma chère nounou, Paula, ne nous voudrait jamais de mal. Mais j'ai peur qu'il n'y ait pas suffisamment de Paula en Allemagne. Peut-être que la plupart des Allemands ont aussi peur de ce qu'Hitler et ses soldats leur feront s'ils essaient de nous aider.

Mais ce que je ne comprends pas, ce qui n'a aucun sens, c'est pourquoi Cuba ne veut pas de nous, et pourquoi l'Amérique semble si lente à décider si nous serons autorisés à entrer. Est-ce que tous les pays détestent les Juifs, pareillement aux nazis?

Toutes ces réflexions me donnent encore plus mal à la tête. Allongée ici, avec les yeux fermés et mon mal de ventre, je me souviens de la voix de mon père, de la façon dont il m'appelait sa petite Liselotte. Je ne pense pas souvent à lui. J'étais si jeune quand il est mort, et maintenant Mutti est à la fois notre mère et notre père à Phillip et moi. Et notre Oma est toujours là pour s'occuper de nous aussi. Mais ces derniers temps, je pense de plus en plus à mon père et à ce qui lui est arrivé.

S'il était encore en vie, nous aurait-il fait quitter l'Allemagne avant tout cela? Si les nazis n'avaient pas découvert notre « petit pécule », les comptes bancaires où Papa cachait de l'argent pour nous en dehors de l'Allemagne, serions-nous en train de vivre dans un pays sûr, dans une grande maison, avec un parc à proximité, peut-être même un parc avec un manège? Aurions-nous voyagé avec oncle Werner, tante Edith et mon cousin à Hackensack, et y vivrions-nous?

Jamais je ne vais avoir de réponses à ces questions. Papa n'est pas avec nous. Il ne le sera jamais. Il n'y a que moi, Phillip, Mutti et Oma. Et nous sommes sur un bateau qui tourne en rond, essayant de trouver un endroit pour nous poser. *Nous tournons en rond*, répète mon esprit. Nous sommes comme les chevaux du manège de mon parc préféré. Ce navire décrit des cercles interminables en mer, sans début ni fin en vue.

SOL

MAINTENANT QUE NOUS nous sommes éloignés de La Havane, tout le monde reste calme, observe et attend, comme lorsque nous étions arrêtés près du port. Mais auparavant, nous étions excités parce que nous pensions que nous allions débarquer. Maintenant, nous restons assommés et effrayés par ce qui pourrait nous arriver. Presque tout le monde est silencieux.

Je me tiens au bastingage avec mon père. C'est le crépuscule, et l'horizon est illuminé tel un feu ardent alors que le soleil est sur le point de s'enfoncer dans la mer. La vive chaleur s'est un peu atténuée. Papa dit que c'est parce que le bateau navigue lentement vers le nord, s'éloignant de Cuba. Il est plus facile de respirer maintenant. C'est le seul point positif de ces deux derniers jours.

Au loin, des lumières brillent sur une côte près de l'endroit où le ciel et l'océan se rencontrent. Ici et là, je peux distinguer les formes de grands bâtiments et d'arbres qui poussent à côté. « Qu'est-ce que c'est, Papa? » Ma question rompt la quiétude de la soirée.

« Ces lumières viennent d'une ville américaine qui s'appelle Miami », répond-il.

Miami. Je fais tourner le mot dans ma bouche. C'est un nom étrange. « C'est là qu'on va maintenant? »

Papa ne répond pas pendant un long moment. Quand il le fait, c'est comme s'il choisissait soigneusement chaque mot. « Personne n'est sûr de l'endroit où nous allons, Salo. Peut-être Miami, si nous avons de la chance. »

Il prononce ces derniers mots comme s'il n'était pas sûr qu'il nous reste beaucoup de chance. Je sais ce qu'il pense. Nous avons eu de la chance de quitter l'Allemagne quand nous l'avons fait, nous d'être embarqués sur ce bateau en route vers la liberté et d'être ensemble pendant ce voyage. Mais Papa donne l'impression que notre chance est peut-être épuisée.

En écoutant les discussions à voix basse des adultes, j'ai compris que l'Amérique n'était peut-être pas très enthousiaste à l'idée d'accueillir un navire empli de Juifs. Je ne comprends pas bien ce qui se passe. Je pensais que l'Amérique était un pays où chacun était libre d'aller et de venir et où les étrangers étaient les bienvenus. Les États-Unis n'ont pas de chef fou et dangereux comme Adolf Hitler, qui déteste tellement les Juifs qu'il veut nous faire du mal, nous mettre en prison et même nous expulser. J'ai entendu de nombreuses personnes sur le pont dire que le président américain, Franklin Delano Roosevelt, est juste et raisonnable. Pourquoi nous ignorerait-il ou nous tournerait-il le dos? Mais il semble que c'est ce qu'il pourrait faire.

« Si nous ne pouvons pas aller à Miami, alors où irons-nous? » C'est la première fois que je prononce le nom de la ville à haute voix, me disant que cela pourrait tout aussi bien être la lune.

Papa ferme les yeux et sa mâchoire se crispe. « Je ne sais plus où nous allons finir, Salo, dit-il enfin. Le capitaine demande aux passagers d'écrire des lettres et des télégrammes à tous ceux que nous connaissons en Amérique et qui pourraient avoir une certaine influence. Plus il y aura de gens au courant de notre situation, plus cela peut aider notre cause. Quelqu'un a même écrit une lettre à Mme Roosevelt, la femme du président. Peut-être qu'elle va convaincre son mari de nous laisser entrer. »

Je hoche la tête. Oui, je pense qu'écrire à la femme du président est une bonne idée. C'est une mère. Je ne crois pas qu'une mère pourrait un jour tourner le dos à des enfants comme moi et les autres à bord du *Saint Louis*.

Alors que nous nous tenons au bastingage, mon père tend le bras. Je sens la force de sa main lorsqu'il saisit la mienne et la tient fermement. Soudain, j'ai l'impression d'être un tout petit garçon, comme lorsque Papa et moi nous rendions à la synagogue de Berlin chaque samedi matin. Nous marchions main dans la main, comme maintenant, en parlant de mon école et de bien d'autres choses. Ici, dans la quiétude de cette soirée, je me souviens de ces moments privilégiés, partagés avec mon papa, alors que nous nous promenions dans les rues bordées d'arbres. Je n'avais alors peur de rien.

La mer est bien calme. Les bruyantes vagues géantes et le balancement des ponts qui ont marqué notre voyage à travers l'océan ont disparu. Je vois des bateaux tout près. Mais ce ne sont pas les petites embarcations qui tournaient autour du navire lorsque nous étions arrêtés dans le port de La Havane. Ce sont des bateaux plus grands faits pour la pêche en haute mer. Ils lancent de longs filets et des perches derrière eux, prêts à attraper les gros poissons qui nagent ici dans les profondeurs de l'océan. Un autre grand bateau est venu les rejoindre.

Papa a lâché ma main et me montre du doigt ce bateau qui se rapproche de plus en plus du nôtre : « Regarde, il y a un drapeau américain qui flotte à l'arrière. Tu le vois, Salo? Ce sont les gardes-côtes américains. »

Un marin à bord du navire des gardes-côtes nous fait signe, et plusieurs passagers à côté de moi se mettent à parler avec enthousiasme.

« Vous pensez qu'ils nous font signe d'entrer? » demande un homme.

« Ils sont probablement là pour nous dire de rester à l'écart! »

« Ils veulent s'assurer que personne ne saute par-dessus bord pour rejoindre leur précieux rivage à la nage. »

Un instant plus tard, le navire des gardes-côtes recule à une certaine distance et attend là. J'attrape à nouveau la main de mon père. Nous nous demandons tous une fois de plus où nous allons finir et surtout quand.

CE QUE SAVAIT LE CAPITAINE

À BORD DU *Saint Louis*, les passagers ne sont pas les seuls à écrire des lettres aux États-Unis pour demander de l'aide. Le capitaine Schroeder lui-même s'était assis avec un stylo et du papier pour écrire une lettre au président Roosevelt, le suppliant de faire preuve de compassion à l'égard des passagers de son navire.

Mais s'il est vrai que la plupart des Américains détestaient Adolf Hitler et sa politique antisémite, ils n'étaient pas prêts à accueillir les victimes d'Hitler dans leur pays. À la fin des années 1930, les entreprises américaines se portaient mal et des millions d'Américains se trouvaient au chômage. Les citoyens américains craignaient qu'un afflux de réfugiés juifs ne vienne ravir les quelques emplois qui existaient encore. Et si l'on ouvrait la porte aux passagers du *Saint Louis*, alors des centaines d'autres pourraient suivre, prenant les emplois des Américains dans le besoin. Ces personnes insistaient pour que le président Roosevelt empêche les réfugiés d'entrer.

Même si le président Roosevelt était un homme attentionné, il pensait aussi à lui-même. Il envisageait de se présenter à nouveau à l'élection présidentielle et avait besoin du soutien des électeurs. Il ne voulait pas les mettre en colère en ignorant leurs protestations concernant l'entrée des Juifs aux États-Unis.

Certains groupes soutenaient les passagers du *Saint Louis* et ont écrit des lettres en leur nom au président. Une fillette de onze ans a même envoyé une lettre à Eleanor Roosevelt, l'épouse du président. Elle a écrit :

> *Mère de notre pays. Je suis si triste que le peuple juif souffre autant... S'il vous plaît, laissez-les débarquer en Amérique... Cela me fait tellement mal que je leur donnerais mon petit lit même si c'était la dernière chose que j'avais... Nous avons trois pièces que nous n'utilisons pas. Ma mère serait heureuse que quelqu'un s'en serve*[7].

Nombre de ces lettres et télégrammes sont restés sans réponse, y compris la lettre envoyée par le capitaine Schroeder. En fait, même si le capitaine ne le savait pas encore, au moment où le *Saint Louis* remontait la côte des États-Unis, le président Roosevelt avait déjà décidé qu'il n'accueillerait pas les passagers. Il avait choisi de suivre les souhaits des électeurs plutôt que de faire ce qui était juste.

Alors que le *Saint Louis* approchait de Miami, les gardes-côtes américains étaient sortis à bord d'un grand bateau pour le suivre. Selon certains rapports, les gardes-côtes auraient tiré un coup de semonce pour s'assurer que le navire se tiendrait à distance de la côte de la Floride. Mais cela ne s'est pas réellement produit.

Les gardes-côtes n'étaient là que pour suivre la position du *Saint Louis* qui tournait en rond en mer. À ce moment-là, la détresse du *Saint Louis* commençait à être connue dans d'autres pays. Des articles de journaux étaient publiés, relatant les efforts du navire pour trouver un lieu sûr pour ses passagers. L'un des articles du *New York Times* disait :

> *Nous ne pouvons qu'espérer que certains cœurs s'adouciront quelque part et qu'un refuge sera trouvé. La traversée du* Saint Louis *est un cri vers le ciel témoignant de l'inhumanité de l'homme envers l'homme*[8].

De nombreux pays d'Amérique du Nord et du Sud, comme l'Argentine, l'Uruguay, le Paraguay et le Panama, avaient exprimé leur sympathie envers les passagers du navire, mais personne ne s'était manifesté pour les secourir. Même l'offre précédente de la République dominicaine n'était plus possible, car ce pays exigeait désormais trop d'argent pour que les passagers puissent y débarquer. Au Canada, un groupe de professeurs d'université et de pasteurs chrétiens avait tenté de persuader le premier ministre William Lyon Mackenzie King d'offrir un refuge sûr au navire. Il ne lui aurait fallu que deux jours pour atteindre Halifax, en Nouvelle-Écosse, où les passagers auraient pu entrer dans le pays par le Quai 21. Cependant, il était connu que le premier ministre admirait Adolf Hitler, qu'il avait rencontré en 1937. À l'époque, il avait décrit Hitler comme « quelqu'un qui aime vraiment son prochain ». En plus, le roi George et la reine Elizabeth d'Angleterre se trouvaient en visite au Canada à cette époque et le premier ministre était occupé à les accueillir. Il avait confié la responsabilité de prendre une décision concernant le *Saint Louis* à son directeur de l'Immigration, Frederick Charles Blair, un homme connu pour être ouvertement antisémite. Blair avait l'habitude d'empêcher les Juifs d'immigrer au Canada et il avait déclaré que la crise ne se trouvait pas un problème canadien. Les Juifs n'étaient pas désirés au Canada.

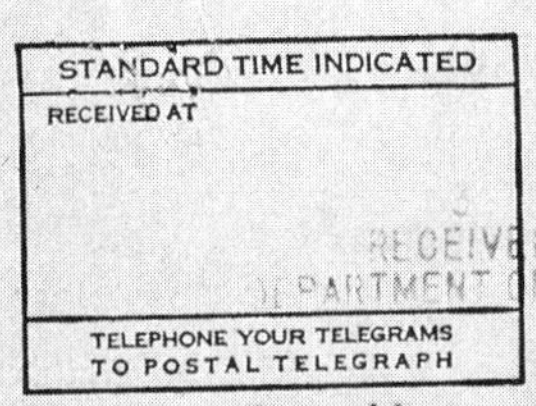

STANDARD TIME INDICATED
RECEIVED AT

RECEIVED
DEPARTMENT OF

TELEPHONE YOUR TELEGRAMS
TO POSTAL TELEGRAPH

THIS IS A FULL RATE TELEGRAM, CABLEGRAM OR RADIOGRAM UNLESS OTHERWISE INDICATED BY SYMBOL IN THE PREAMBLE OR IN THE ADDRESS OF THE MESSAGE. SYMBOLS DESIGNATING SERVICE SELECTED ARE OUTLINED IN THE COMPANY'S TARIFFS ON HAND AT EACH OFFICE AND ON FILE WITH REGULATORY AUTHORITIES.

Form 16A NA726 95 44 5 EXTRA 18

HY HOLLYWOOD CALIF 2 648P

1939 JUN 2 PM 10 33

VISA DIVISION
JUN 6 1939
Department of State

PRESIDENT FRANKLIN D ROOSEVELT

WHITEHOUSE WASHN DC

IN NAME OF HUMANITY URGE YOU BRING ALL POSSIBLE INFLUENCE ON CUBAN AUTHORITIES TO RADIO RETURN OF GERMAN LINER STLOUIS, NOW AT SEA RETURNING OVER NINE HUNDRED REFUGEES TO IMPRISONMENT AND DEATH IN NAZI GERMANY. URGE CUBA GIVE AT LEAST TEMPORARY SHELTER UNTIL ANOTHER REFUGE CAN BE FOUND IN DEMOCRATIC COUNTRY

L'un des nombreux télégrammes envoyés au président Roosevelt pour le supplier d'aider les passagers. Celui-ci avait été envoyé par la vedette hollywoodienne Edward G. Robinson.

(Traduction du télégramme : Au nom de l'humanité, nous vous incitons à exercer toute l'influence possible sur les autorités cubaines pour qu'elles autorisent le retour du paquebot allemand *Saint Louis*, actuellement en mer, qui ramène plus de 900 réfugiés à l'emprisonnement et à la mort dans l'Allemagne nazie. Nous vous exhortons à demander à Cuba de leaur donner un abri au moins temporaire jusqu'à ce qu'un autre refuge puisse être trouvé dans un pays démocratique.)

Pendant ce temps, à Cuba, Lawrence Berenson pensait avoir finalisé son accord avec le président Bru, et un message a été envoyé au capitaine Schroeder pour l'informer que le navire devait retourner à *Isla de la Juventud*. Le capitaine a transmis cette nouvelle aux passagers en liesse par l'intermédiaire de son comité de passagers. Mais leur joie a été de courte durée. En effet, les négociations entre Bru et Berenson allaient terriblement mal. Berenson a eu un dernier entretien avec Bru au cours duquel le président acceptait d'accueillir les passagers du *Saint Louis* sur l'île pour 150 000 dollars, mais il exigeait également 500 dollars supplémentaires en espèces par passager, une somme qui équivaudrait à plus d'un demi-million de dollars. Ensemble, les deux demandes de Bru s'élèveraient à près de 10 millions de dollars d'aujourd'hui. Berenson pensait pouvoir encore négocier le prix des passagers à la baisse. Il affirmait également n'avoir aucun souvenir du délai de quarante-huit heures que Bru avait joint à son offre. Une fois de plus, il s'était lourdement trompé sur les intentions du président et sur sa volonté de négocier au-delà d'un certain délai.

Le mardi 6 juin, le président Bru a mis fin à toutes les discussions et a refusé toute nouvelle rencontre avec Lawrence Berenson. L'affaire du *Saint Louis* était close en ce qui concernait Cuba, et le navire ne serait en aucun cas autorisé à revenir. Le mercredi 7 juin, le capitaine Schroeder, ébranlé, a pris connaissance de l'ordre suivant, émanant de son siège social :

Retournez immédiatement à Hambourg[9].

Lisa

NOUS RETOURNONS en Allemagne! Je n'arrive pas à y croire. Aucun pays ne veut de nous. Cuba, l'Amérique, même le Canada nous a refusés. Maintenant, quand je demande à Mutti ce qui va nous arriver, elle n'essaie même pas de me répondre. Elle baisse simplement la tête et je vois des larmes couler sur ses joues. Ma mère a l'air d'avoir abandonné et j'ai peur. J'aimerais qu'elle me dise quelque chose, quelque chose comme *l'Amérique va changer d'avis et faire la bonne chose*. Mais elle ne dit rien.

Pourtant, j'essaie de comprendre ce qui nous arrive. Je lui demande : « Est-ce que nous rentrons chez nous, Mutti? Allons-nous vivre dans notre ancien appartement? »

« Qui sait si notre maison existe encore », répond finalement Mutti. Sa voix est faible et aussi inanimée que ses yeux. « C'était déjà difficile pour les Juifs avant que nous quittions l'Allemagne. Qui sait à quel point ce sera encore plus difficile pour nous à notre retour. Plus de lois, plus de règles… »

Je me détourne. Je ne veux pas entendre que les choses sont devenues encore pires pour les Juifs comme nous. Je veux croire que nous allons ouvrir la porte de notre appartement à Munich et que Paula sera là, à nous attendre. Toutes nos affaires vont reprendre leur place, là où elles étaient avant notre départ. Ma nounou va m'emmener dans le parc que j'adore et Oma va nous faire écouter de beaux airs d'opéra sur son gramophone. Et nous nous rendrons à la synagogue pour prier et écouter le chantre chanter les bénédictions, tous les samedis matin, comme nous en avions l'habitude. Oui, peut-être devrons-nous recoudre les étoiles de David sur nos manteaux et nos pulls. Si c'est la pire chose qui puisse arriver, nous pourrons gérer.

Mais je sais très bien que je me fais des illusions. Mutti a dit que Cuba, l'Amérique et même le Canada ne veulent pas de nous. Et j'ai entendu quelqu'un sur le pont rire cruellement et dire à Mutti que l'Allemagne veut de nous encore moins que tous ces autres pays réunis.

« Capitaine Schroeder n'a même pas eu la décence de nous l'annoncer lui-même, a déclaré Oma lorsque nous nous sommes retrouvés dans notre cabine pour discuter de la nouvelle. C'est l'un des passagers qui a transmis cette terrible information. On aurait pu s'attendre à ce que le capitaine fasse une apparition et s'adresse à nous directement. » Contrairement à Mutti, Oma ne semble pas avoir baissé les bras. Elle fait les cent pas dans notre cabine, toujours aussi déterminée, secouant la tête et pointant le doigt devant elle, comme elle le fait lorsqu'elle me gronde. Oma poursuit en nous racontant que des dizaines d'hommes et de femmes présents dans la salle de réception se sont effondrés et ont pleuré, s'accrochant les uns aux autres après avoir appris la nouvelle. « Je ne pouvais pas supporter d'être dans cette pièce avec eux. C'était tellement déprimant, a déclaré Oma. J'ai dû partir et revenir dans notre cabine. »

« Je pense que le capitaine doit se sentir aussi découragé que nous, a dit Mutti. Il a peut-être honte de nous laisser tomber ainsi. »

Oma n'a rien répondu. Elle a continué à faire les cent pas et à agiter son doigt.

Lorsque je me suis aventurée sur le pont un peu plus tard, j'ai vu un groupe d'enfants qui jouaient. J'étais trop timide pour me joindre à eux. Puis un soudain flot de nausées m'a envahi et je me suis assise sur l'une des chaises longues pour regarder leur jeu. Il y avait environ huit filles et garçons, certains plus jeunes que moi et d'autres plus âgés. Deux des garçons les plus âgés avaient pris quelques chaises longues, les avaient renversées et les avaient empilées les unes sur les autres pour créer une barrière. Les autres enfants étaient alignés devant le mur de chaises.

Un petit garçon portant une casquette grise se trouvait le premier dans la file. L'un des grands garçons derrière la barrière a crié par-dessus le mur, comme un soldat : « Es-tu juif? » Le petit garçon a retiré sa casquette, fait un signe de tête et les deux grands garçons ont aboyé ensemble : « Les Juifs ne sont pas admis! » Le petit garçon a baissé la tête et s'est éloigné, puis l'enfant suivant dans la file d'attente, une fillette blonde en robe rose, s'est approchée du mur. La même chose s'est produite. Le grand garçon qui jouait le gardien lui a demandé si elle était juive. Lorsqu'elle a répondu par l'affirmative, il a refusé de la laisser passer.

Un après l'autre, les enfants en file se sont approchés de la barricade de chaises longues, et un à un, ils ont été chassés. Le plus petit des garçons a essayé d'entrer en suppliant. Il a joint les mains et imploré : « Oh! S'il vous plaît, laissez-moi entrer. Je ne suis qu'un tout petit Juif. » Mais cela n'a servi à rien. Les garçons qui montaient la garde ont refusé de le laisser passer.

Finalement, certains des enfants se sont mis à rire et la fille en robe rose s'est précipitée sur l'un des grands garçons et l'a bousculé, et le jeu s'est terminé. Ils ont remis les chaises longues en place et ont commencé à jouer à chat, en s'enfuyant sur le pont. Je me suis allongée au soleil, respirant l'air frais de la mer, et suis retournée une fois de plus vers mes pensées.

Personne ne veut de nous, des plus vieux Juifs à bord aux plus jeunes. Nous n'avons été acceptés nulle part. Comme Oma, je me demande pourquoi le capitaine reste seul dans son coin. À l'exception du premier jour où nous avons embarqué à Hambourg, il n'est jamais apparu. Tous les adultes disent qu'il doit être très occupé à diriger un navire de cette taille. Mais comme ma mère, je me demande aussi s'il a l'impression de nous avoir déçus en ne trouvant pas d'endroit sûr pour nous. Ce serait une bonne raison de disparaître.

En fait, il n'y a presque personne sur le pont non plus. Tout le monde a disparu depuis l'annonce de notre retour au port de Hambourg. C'est comme si un brouillard s'était installé sur le navire, une impression nerveuse, lugubre, plus sombre que les nuages d'orage les plus noirs que nous ayons eus en mer. Les quelques passagers qui se trouvent à l'extérieur marchent par petits groupes, silencieux, tels des fantômes. Certains parlent entre eux à voix basse, et j'ai entendu plusieurs fois les mots « nazis » et « Allemagne » flotter dans le vent.

Je fixe l'horizon. Le soleil brille sur le vaste océan. On ne voit aucune terre dans aucune direction. Une brise fraîche souffle sur le pont, juste assez pour que je resserre mon pull autour de moi. Je frissonne, mais ce n'est pas à cause du vent. Je ne peux pas m'empêcher de trembler parce que j'ai peur. Je sais que dans peu de temps, une côte familière va apparaître. L'Allemagne va menacer à l'horizon.

SOL

NOUS RETOURNONS en Allemagne. Il y a deux jours, le 8 juin, une date dont je me souviendrai toujours, Papa est entré dans la cabine pour annoncer la nouvelle. Mais je savais ce qu'il allait dire avant même que les mots ne sortent de sa bouche. Je ne suis pas aveugle. Je voyais bien que le bateau s'était éloigné de la terre. Cette fois, nous ne naviguions pas vers La Havane, ni vers Miami, ni vers aucun autre port proche. Nous retournions en Europe. Depuis deux jours, Papa et Mutti ne me parlent plus. Ou plutôt, ils se concertent à voix basse et se taisent dès que je m'approche. Eh bien, maintenant, je connais leur secret. Tout le monde le connaît.

« On dirait que nous ne pourrons pas nous installer à Cuba », a dit Papa d'un ton sombre en entrant dans la cabine. Il faisait les cent pas en nous parlant, à Mutti et à moi. « Je ne peux pas dire que cela me surprend. Je crois que je savais, après cette longue attente, que Cuba n'allait pas nous accepter. Mais je dois t'avouer, Salo, que je n'aurais jamais imaginé que l'Amérique allait aussi nous refuser. » Mon père parlait plus rapidement maintenant et haussait la voix. « Jamais jc n'aurais pensé que le président Roosevelt serait aussi lâche, qu'il tournerait le dos à un bateau rempli d'innocents! » Papa criait presque et ses joues devenaient rouges. Il a alors levé les yeux vers nos visages bouleversés, a pris une grande inspiration et a expiré lentement. « Alors, c'est fini, a-t-il dit plus calmement, nous rentrons. » Ses yeux ont plongé dans ceux de Mutti et un bref sourire est passé sur ses lèvres. « Ne vous inquiétez pas, Pesha, Salo. Tout ira bien. » Mais son sourire s'est évanoui aussi vite qu'il était apparu.

Ne vous inquiétez pas! C'est tout ce que j'ai fait, m'inquiéter, depuis que Papa nous a annoncé la nouvelle et a prouvé que mes pires craintes étaient devenues réalité. Comment ne pas m'inquiéter? Ce n'est pas ce dont j'avais rêvé lorsque nous sommes partis pour Cuba. Ce rêve est terminé. Et je suis terrifié à l'idée de ce qui pourrait nous arriver.

Il y a un homme sur le navire qui est allé dans un camp de prisonniers. Mes parents m'ont chuchoté qu'il avait été emprisonné dans cet endroit terrible, derrière de hautes clôtures de barbelés, où des hommes juifs étaient emmenés sans autre raison que leur religion. Je ne connais pas son nom, mais je l'ai vu se promener sur les ponts. Il a une cabine de troisième classe comme la nôtre, au fond du navire. Il est difficile de le manquer. Au début du voyage, il était si maigre que sa poitrine semblait enfoncée. Ses vêtements étaient si grands qu'ils ne tenaient presque pas sur lui. Son crâne était rasé et sa peau avait la couleur de la neige sale. Personne ne sait pourquoi ni comment cet homme est sorti de cette prison et a réussi à embarquer sur ce navire. À bord, il a commencé à avoir l'air en meilleure santé, il a pris un peu de poids, ses cheveux ont repoussé et son visage a repris des couleurs. Mais quand je l'ai vu aujourd'hui, il était à nouveau voûté et se traînait comme s'il était déjà de retour dans ce camp de prisonniers.

« Il paraît que les nazis construisent de nouveaux camps », a sombrement dit quelqu'un à Papa alors que nous allions dîner ce soir-là. Le ciel était dégagé, éclairé par des millions d'étoiles et un mince croissant de lune au-dessus de nous. « Hitler pense que personne ne se soucie vraiment de ce qui nous arrive. Il peut nous enlever de nos maisons, nous affamer, nous torturer ou même nous tuer. C'est ce qui va se passer dans ces camps. Personne ne sera en sécurité. » Mutti et Papa se dépêchent pour m'éloigner et je vois bien qu'ils ne veulent plus que j'entende ce que dit cet homme.

Alors que Mutti, Papa et moi nous assoyons à notre table, je demande à mon père : « Est-ce qu'on va aller vivre dans une de ces prisons? »

« Non! » Mon père crie presque, ce qui me fait sursauter.

Mais comment peut-il en être sûr? Comment peut-il savoir ce qui va nous arriver quand nous serons de retour sur le sol allemand et à la merci des nazis? Pour la première fois de ma vie, je me rends compte que mon père n'est peut-être pas en mesure de nous protéger et cela me fait frémir. Je ne veux pas aller dans un camp de prisonniers. Je ne veux pas être affamé et torturé. Je ne suis qu'un jeune garçon. C'est horrible que ces choses puissent arriver à des adultes comme l'homme maigre sur le navire. Mais comment est-il possible que ces choses puissent arriver à des enfants, à quelqu'un comme moi?

Je n'ai pas parlé de tout cela avec Mutti. Mais je n'ai pas besoin de le faire. La vérité, c'est que je suis proche de mon père, mais je suis lié à ma mère d'une manière que je ne peux même pas expliquer. C'est peut-être le temps que nous avons passé ensemble, juste nous deux, lorsque Papa a été envoyé en Pologne. C'est peut-être parce que je suis son seul enfant et que nous avons toujours été proches. Peu importe ce que c'est, je n'ai pas besoin de parler à ma mère pour savoir ce qu'elle ressent. Son moral est au plus bas.

Ses mains ont commencé à trembler un peu et elle regarde constamment par-dessus son épaule, comme si elle pensait que quelqu'un la suivait.

Le navire est presque calme ces derniers jours. La salle à manger, qui bourdonnait autrefois de conversations et de rires, demeure silencieuse, à l'exception des murmures et du cliquetis des assiettes et des couverts. Il y a moins de nourriture à chaque repas, mais personne ne s'en soucie. Le cinéma est vide. Des hommes et des femmes s'assoient sur le pont et chuchotent, leur tête penchée les unes près des autres. La grande salle est déserte. Personne ne danse sur la musique du petit orchestre qui joue tous les soirs. Même les membres de l'équipage semblent différents. Ils sont toujours

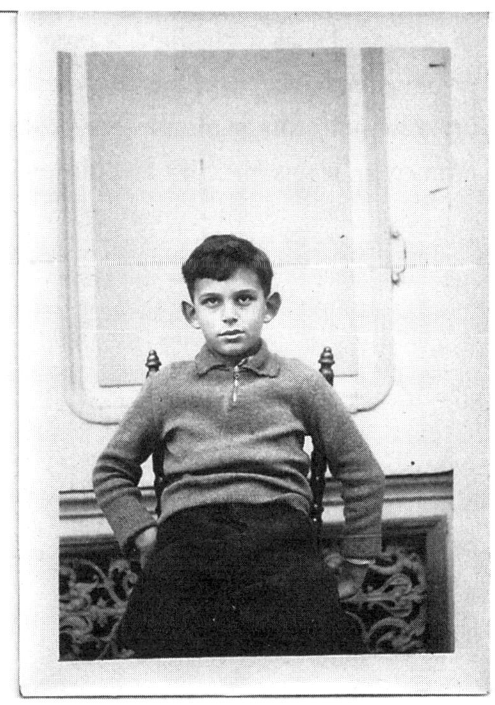

Sol, jeune garçon.

aussi gentils, mais leurs yeux sont pleins de pitié. Ils semblent savoir que nous courons à la catastrophe, mais ils n'ont aucun moyen de nous sauver. Je ne veux même plus jouer avec les autres enfants. Quand j'aperçois Leon, on se fait un signe de tête et on continue notre chemin. La fille aux cheveux noirs et bouclés semble avoir disparu. On dirait que cela fait un million d'années que nous sautions sur les chaises longues. J'ai l'impression que nous sommes tous en train de disparaître, de nous noyer.

Personne ne se soucie vraiment de ce qui nous arrive. Je pense qu'il n'y a plus d'endroit sûr pour les Juifs du *Saint Louis*. Je souhaiterais que quelqu'un prenne en charge ce navire et nous sauve. Je souhaiterais que quelqu'un lui fasse faire demi-tour et le dirige ailleurs que là où nous allons! Si j'étais plus grand et plus fort, c'est ce que je ferais. J'irais sur le pont, je prendrais la place du capitaine et je ferais naviguer ce bateau quelque part où nous serions tous en sécurité. Je serais un héros pour tout le monde! Mais même en y pensant dans ma tête, dans mon cœur, je sais que c'est une illusion.

CE QUE SAVAIT LE CAPITAINE

LE CAPITAINE SCHROEDER se demandait comment annoncer aux passagers qu'ils retournaient en Europe. Finalement, il n'a pas pu supporter l'idée de leur faire face directement, sachant qu'il les avait déçus de la pire des manières. Il savait pertinemment qu'un retour en Allemagne signifierait probablement leur arrestation et leur déportation vers l'un des camps de concentration déjà en activité dans ce pays. Cela suffirait à créer une vague de panique sur le navire. Tant lui que les passagers savaient qu'à l'intérieur de ces camps, les Juifs étaient contraints au travail forcé et étaient affamés, torturés et tués. (Ces camps en Allemagne comprenaient Dachau, Sachsenhausen, Buchenwald, Mauthausen et Flossenbürg. Ils n'étaient que les premiers d'un nombre croissant de camps de concentration en Allemagne, en Pologne et dans d'autres pays, où les Juifs allaient être assassinés par millions.)

Le capitaine a rencontré les membres du comité des passagers et leur a demandé d'annoncer la nouvelle aux passagers. L'annonce a été suivie d'une effervescence d'idées désespérées provenant de ceux à bord pour éviter cette issue terrifiante. Aucune de ces idées n'avait de sens. Un passager a même suggéré que des groupes d'hommes et de femmes sautent à tour de rôle par-dessus bord. Le capitaine devrait alors faire demi-tour pour tenter de sauver chaque personne, ce ralentirait le voyage de retour et laisserait ainsi plus de temps pour trouver une solution à leur situation. Bien entendu, cette idée, comme toutes les autres, a été rejetée. Le navire *Saint Louis* n'avait plus de temps ni d'options. Le capitaine Schroeder et ses passagers se sont retrouvés confrontés à l'insupportable conclusion que personne ne voulait sauver les réfugiés juifs à bord.

En Allemagne, les nazis considéraient que c'était la meilleure fin possible. Désormais, personne dans le monde ne pouvait critiquer Hitler pour sa façon de traiter les Juifs, alors que personne d'autre ne voulait d'eux non plus. Les nazis ont publié une déclaration disant que puisque personne n'acceptait « les minables Juifs », ils devaient les reprendre et les « soutenir ». Quiconque connaissait un tant soit peu les nazis savait ce que cela signifiait. Les réfugiés iraient dans les camps de la mort.

La seule personne à bord du *Saint Louis* qui se réjouissait de retourner en Allemagne était Otto Schiendick, l'espion de la Gestapo. Il était soulagé de savoir qu'il allait enfin pouvoir livrer les plans des sous-marins et des destroyers américains à ses supérieurs en Allemagne. Il imaginait déjà comment il allait être récompensé pour ses activités secrètes.

Pendant ce temps, les passagers paniqués continuaient d'envoyer des télégrammes à des personnes importantes dans le monde entier, implorant tous ceux à qui ils pouvaient penser de les aider. Ces télégrammes n'ayant donné aucun résultat, les réfugiés se sont tournés à nouveau vers une solution désespérée. L'un d'entre eux, Aaron Pozner, avait été emprisonné dans le camp de concentration de Dachau où il avait été battu et affamé. Il avait assisté à des pendaisons publiques de prisonniers juifs et avait vu ses compatriotes juifs être torturés par les gardes nazis. Après avoir passé près de six mois dans ce camp, Aaron Pozner a été soudainement libéré, sans aucune explication. On lui avait donné deux semaines pour quitter l'Allemagne ou être à nouveau emprisonné. Avec l'aide de sa famille, il avait réussi à réserver un billet de troisième classe sur le *Saint Louis*, laissant derrière lui sa femme et ses deux enfants. Aaron ne savait que trop bien quel sort les attendait, lui et ses compagnons de voyage.

Il a réuni un groupe d'hommes et les a convaincus qu'ils pouvaient prendre le contrôle du navire et le faire naviguer n'importe où, sauf vers Hambourg. Le 9 juin, alors qu'il se trouvait sur la passerelle de navigation, le capitaine Schroeder a été surpris de voir s'approcher un groupe désordonné de passagers, dirigé par Pozner. Ils sont entrés en trombe, ont confronté le capitaine et ont annoncé qu'ils allaient détourner le navire. Il y a eu quelques instants de tension alors que le capitaine et Aaron s'affrontaient. Mais le capitaine Schroeder s'est alors rendu compte qu'Aaron n'était pas un homme violent par nature. Il se trouvait simplement désespéré et prêt à risquer l'emprisonnement dans n'importe quel pays du monde pour cette tentative de mutinerie, plutôt que de retourner dans l'Allemagne nazie. Le capitaine a assuré aux hommes que s'ils renonçaient, il ne signalerait pas l'incident. En fin de compte, les hommes ont abandonné et avant qu'ils quittent la passerelle, le capitaine Schroeder leur a également juré qu'il ferait tout ce qui était en son pouvoir pour accoster le navire en Angleterre plutôt que de le renvoyer à Hambourg.

Seul avec ses pensées, le capitaine a alors décidé que, pour la première fois depuis le début du voyage, il allait lui-même s'adresser aux passagers du navire et annoncer publiquement cette promesse. Il a réuni tout le

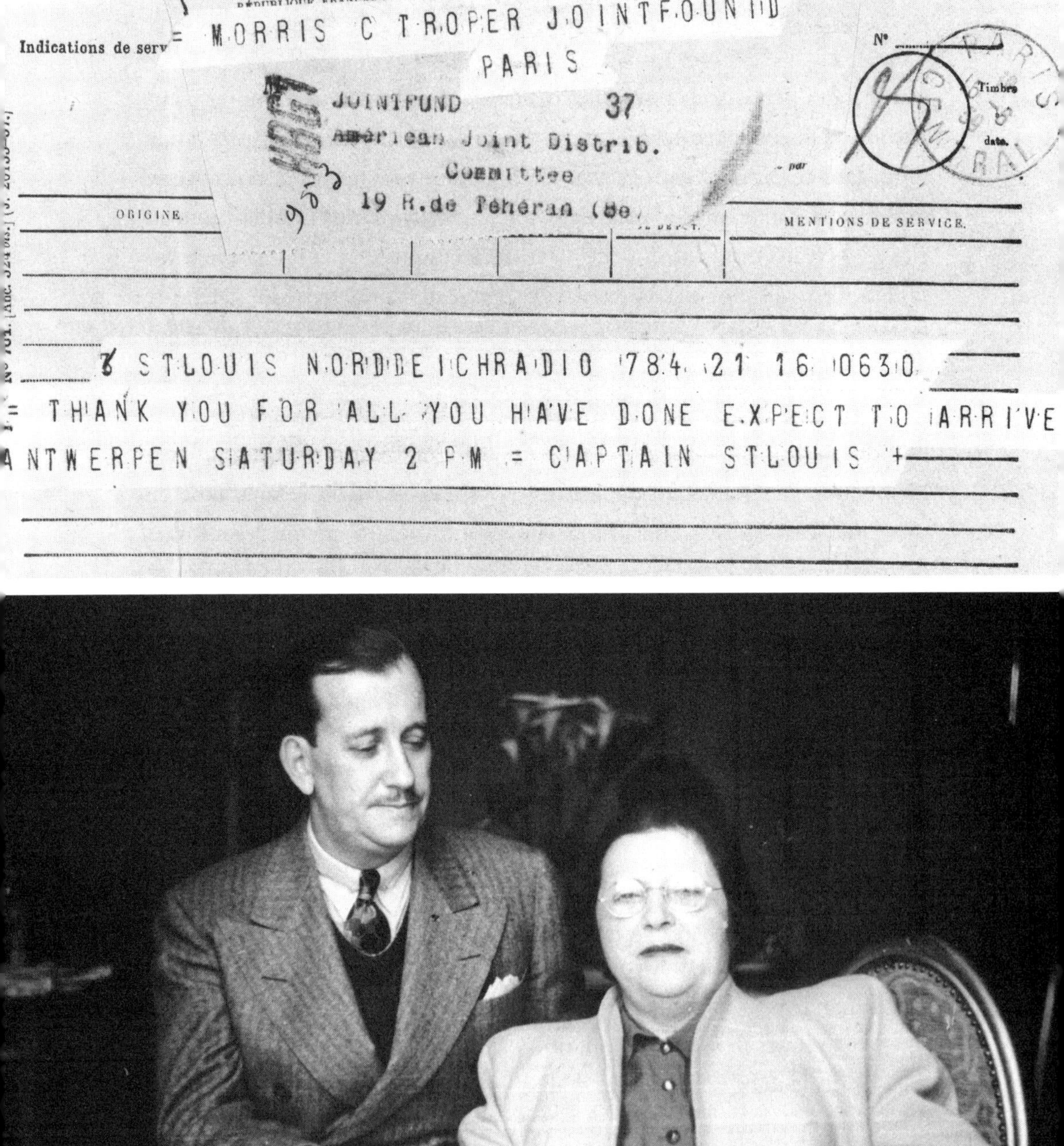

RÉPUBLIQUE FRANÇAISE TÉLÉGRAMME POSTES, TÉLÉGRAPHES ET TÉLÉPHONES

Indications de serv = MORRIS C TROPER JOINTFOUNDD

PARIS

JOINTFUND 37
American Joint Distrib.
Committee
19 R.de Téhéran (8e)

ORIGINE. MENTIONS DE SERVICE.

STLOUIS NORDDEICHRADIO 784 21 16 0630

= THANK YOU FOR ALL YOU HAVE DONE EXPECT TO ARRIVE ANTWERPEN SATURDAY 2 PM = CAPTAIN STLOUIS +

monde dans la salle de réunion et a promis que quoiqu'il arrive il n'allait pas ramener le navire en Allemagne. Même si à ce moment il gardait le secret, le capitaine avait conçu un plan pour faire naviguer le *Saint Louis* près d'un endroit appelé Beachy Head sur la côte du Sussex en Angleterre. Là, il allait mettre le feu au navire et faire évacuer les passagers vers le rivage. Ce serait sa façon de les sauver.

Heureusement, ce plan risqué n'a jamais dû être mis en œuvre, car une percée dans les négociations était sur le point d'avoir lieu.

Après l'échec des efforts de Lawrence Berenson pour trouver un refuge pour les passagers du *Saint Louis*, c'est Morris Troper, directeur européen de l'American Jewish Joint Distribution Committee (JDC), qui a été chargé de négocier au nom des personnes à bord. Alors que le navire faisait route vers l'Europe, Troper a intensifié la pression sur les pays européens et a entamé des discussions jour et nuit avec les pays qui disposaient d'organismes d'aide soutenus par le JDC. Son premier contact a été avec le roi Léopold III et le premier ministre Pierlot de Belgique, qui ont finalement accepté d'accueillir un certain nombre de réfugiés. Ensuite, Troper a contacté la reine Wilhelmine de Hollande, qui a également accepté d'accueillir un certain nombre de passagers. Avec ces deux pays de son côté, Troper pensait maintenant pouvoir faire pression sur plusieurs autres pays. Il tenait le

EN HAUT : Le capitaine Schroeder a envoyé ce télégramme à Morris Troper pour le remercier de ses efforts pour sauver les passagers. (Traduction du télégramme : Merci pour tout ce que vous avez fait. Arrivée prévue à Anvers samedi 14 heures. Capitaine du *Saint Louis*.)

EN BAS : Morris Troper et son épouse.

capitaine Schroeder au courant de ses progrès, mais ce dernier n'a partagé cette excellente nouvelle qu'avec le comité des passagers. Il ne voulait surtout pas encore donner de faux espoirs à ses passagers.

Finalement, Troper est parvenu à convaincre la France et l'Angleterre d'accepter de prendre une partie des passagers. Lorsqu'il a annoncé par télégramme au capitaine Schroeder que tous les passagers auraient un endroit où débarquer, le capitaine s'est laissé tomber dans son fauteuil et a écrit cette réponse :

> *Les 907 passagers du* Saint Louis *qui se balançaient depuis treize jours entre espoir et désespoir ont reçu aujourd'hui votre message libérateur… Notre gratitude est aussi immense que l'océan sur lequel nous flottons depuis le 13 mai, d'abord emplis d'espoir en un avenir heureux, puis dans le désespoir le plus profond. Acceptez… les profonds et éternels remerciements des hommes, des femmes et des enfants unis par le même destin à bord du* Saint Louis[10].

Lisa

UN MIRACLE s'est produit. Nous ne retournerons finalement pas en Allemagne! J'ai du mal à y croire, même si je me le répète encore et encore. Mutti est allée écouter l'annonce dans la grande salle. Elle s'est précipitée dans notre cabine pour tout nous raconter et nous dire que c'était le capitaine en personne qui s'était adressé à la foule. J'ai essayé d'imaginer ce que cela avait dû être de voir le capitaine, dans son uniforme noir officiel avec les galons dorés sur les épaules et sa casquette de capitaine noire sur la tête. Peu de gens l'avaient même aperçu pendant toute la durée de la traversée. J'aurais voulu accompagner Mutti pour entendre l'annonce spéciale, mais les enfants n'étaient pas admis. J'ai donc été obligée de rester avec ma grand-mère et mon frère, attendant nerveusement le retour de Mutti. Oma n'a pas aidé en faisant les cent pas dans la cabine.

« Lorsque le capitaine est apparu dans la salle de réunion, tout le monde a cessé de parler, nous a expliqué Mutti à voix basse, comme si elle nous racontait un secret. Il est monté sur l'estrade et a d'abord eu du mal à parler, tant il était submergé par l'émotion. »

Les passagers étaient incroyablement soulagés d'apprendre qu'ils ne retourneraient pas en Allemagne. Morris Troper se trouvait parmi eux, en haut à gauche sur cette photo.

« Puis enfin, il a lu un télégramme, a poursuivi Mutti. Il expliquait que tout avait changé. Il y a quatre pays qui se sont dits prêts à nous accueillir : la Hollande, la Belgique, l'Angleterre et la France. Vous imaginez? Avant, aucun pays n'était disposé à nous offrir un refuge. Et maintenant, il y en a quatre! »

Les yeux de Mutti étaient plus brillants que je ne les avais vus depuis des semaines, aussi brillants que lorsqu'elle a vu mon oncle Werner au port de La Havane. Oma riait, les joues roses, nous serrant tous de bonheur dans ses bras. Même Phillip souriait de toutes ses dents, comme s'il venait de recevoir le plus beau cadeau du monde.

« Le bateau va accoster en Belgique, dans le port d'Anvers, a ajouté Mutti. De là, nous serons transportés vers nos destinations finales. »

« Mutti, ai-je demandé avec prudence. Ils ne vont pas changer d'avis, n'est-ce pas? Ces quatre pays, ils ne vont pas décider de nous refuser comme tous les autres? » Je ne voulais pas gâcher le bonheur qui avait envahi notre cabine, mais nous avions déjà été excités, puis déçus.

Mutti a secoué la tête. « Non, Lisa. Cette fois, c'est pour de vrai. Le capitaine en personne est venu nous le dire! » Elle m'a entraînée au milieu de la pièce et a commencé à me faire tourner, jusqu'à ce que je sois tellement étourdie que je l'ai suppliée d'arrêter. C'est alors que je me suis rendu compte que je n'avais pas du tout le mal de mer. La merveilleuse nouvelle avait chassé mes nausées.

« Mais, Mutti, tu ne nous as pas encore dit, ai-je demandé, presque à bout de souffle, où allons-nous? Dans quel pays? »

Mutti a de nouveau souri. « En Angleterre. Nous allons à Londres, et j'espère, pas pour longtemps, a-t-elle ajouté. Une fois que nous serons installés là-bas, je contacterai ton oncle Werner. Nous irons quand même en Amérique, Lisa. Je te le promets. »

Ainsi, tout avait encore changé. Dans les jours qui ont suivi l'annonce, j'ai vu à nouveau des sourires et des enfants qui couraient sur les ponts. Tout le monde parlait du fait que nous irons dans des pays sûrs. J'ai entendu les autres passagers discuter de leur destination.

« J'aurais préféré la Hollande, dit un homme. Nous avons de la famille là-bas. Mais la France fera l'affaire pour l'instant. »

« Nous sommes trois familles à bord du bateau, explique une autre femme. Nous avons la chance d'aller tous en Belgique, au même endroit. »

Les commentaires fusent d'un bout à l'autre du navire. Je ne pense pas que l'endroit où nous finirons importe, tant que nous ne nous retrouvons pas en Allemagne! Je pense que l'Angleterre fera l'affaire. Mutti dit que les Juifs ne sont pas détestés en Angleterre comme ils le sont dans mon pays. Nous n'aurons pas à porter des étoiles de David sur nos vêtements. Nous

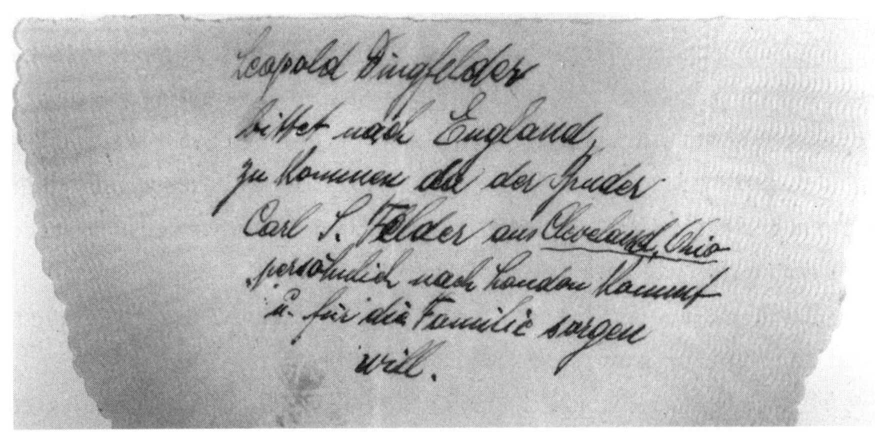

Leopold Dingfelder
bittet nach England
zu kommen da der Bruder
Carl S. Felder aus Cleveland, Ohio
persönlich nach London kommt
u. für die Familie sorgen
will.

Un passager a écrit cette note à Morris Troper pour demander que sa famille soit autorisée à débarquer en Angleterre.

serons libres de marcher dans les rues sans craindre que les soldats nazis nous fassent du mal. En Angleterre, il n'y a pas de lois sur ce que les Juifs peuvent ou ne peuvent pas faire. Nous pouvons faire les mêmes choses que tout le monde. Nous *sommes* comme tout le monde, ni meilleurs ni pires.

Le bateau vogue maintenant à toute vitesse pour nous amener à notre destination ultime. J'ai maintenant mes poupées avec moi tous les jours, prête à les emporter avec moi, vêtues de leurs plus beaux atours, quand viendra notre tour de quitter le navire. Les valises, les boîtes et les caisses sont de nouveau apparues sur le pont supérieur, alors que le premier groupe de passagers se prépare à descendre à Anvers. Oma dit qu'il sera difficile de dire au revoir à nos compagnons de voyage. Nous avons partagé une période importante de notre vie, que nous n'oublierons jamais.

Mutti dit que même si nous ne connaissons pas vraiment toutes les personnes avec lesquelles nous avons voyagé ces quatre dernières semaines, nous sommes tous liés par ce périple et par tout ce que nous avons vécu ensemble. Et moi? J'ai l'impression d'avoir changé et c'est difficile à décrire. Mais je me sens différente, debout sur le pont, attendant que la côte européenne apparaisse à l'horizon. Après tout ce que j'ai vu au cours de ce voyage, j'ai l'impression de connaître des choses que je ne connaissais pas auparavant et je me sens peut-être un peu plus triste à l'intérieur.

Est-ce que c'est cela se sentir adulte?

SOL

IL EST DIFFICILE de croire que nous avons commencé ce voyage le samedi 13 mai, il y a plus d'un mois. Nous sommes aujourd'hui le samedi 17 juin. Je connais la date, car hier, c'était mon anniversaire. Mais tout comme pour l'anniversaire de Mutti, le jour de notre arrivée à La Havane, il n'y a pas eu de fête ni de cadeaux pour moi. Personne n'a eu le temps de penser à des choses comme les célébrations d'anniversaire. Mais tout cela va changer, à partir de maintenant. Le *Saint Louis* entre au port d'Anvers en Belgique. Nous sommes si proches que je peux voir un panneau indiquant « Quai 18 ». C'est là que nous allons descendre du bateau! Papa dit que c'est un vrai miracle, qu'il n'y a pas d'autre mot. Alors que nous pensions être perdus et retourner aux mains des nazis, on nous a lancé une bouée de sauvetage. Nous n'irons pas dans des camps de prisonniers, au travail forcé, à la famine, à la torture et à la mort. Mutti ne sait pas à quel point je comprends ces choses, mais j'ai entendu les adultes parler des camps tous les jours.

« Tout s'est passé si vite », nous a expliqué Papa à Mutti et à moi, en nous annonçant l'incroyable nouvelle il y a quelques jours. Mais en réalité,

Papa n'avait presque pas eu besoin de dire quoi que ce soit. Lorsqu'il est entré dans la cabine ce soir-là, j'ai lu sur son visage que tout irait bien. Papa souriait, riait presque aux éclats de joie et de soulagement.

« Vous auriez dû entendre le tumulte dans la grande salle lorsque le capitaine a annoncé la nouvelle, nous a-t-il raconté. Les mots étaient à peine sortis de sa bouche que la folie avait commencée. Les gens se sont mis à applaudir et à sauter. Des hommes et des femmes pleuraient à chaudes larmes. » Papa a marqué une pause et sa voix s'est adoucie. « Et puis, l'un des passagers nous a demandé de nous calmer. Cet homme s'est approché du capitaine et lui a dit, au nom de tous les passagers du navire, que nous lui sommes éternellement reconnaissants. Que nous lui devons la vie. Après cela, tout le monde avait la larme à l'œil dans la salle. »

Mutti sanglotait à côté de moi, mais je savais que cette fois-ci, ses larmes étaient de joie. Son visage rayonnait. Nos rires et nos étreintes, ainsi que le bonheur de ma mère et l'expression calme de mon père ont effacé la peur dans mon cœur. Nous étions en sécurité.

Maintenant, notre bateau s'amarre au quai d'Anvers. Ma famille a été assignée à descendre en Belgique, et nous serons donc parmi les premiers passagers à quitter le navire. Nous prendrons le train pour Bruxelles, la capitale. Et à partir de là, je ne sais pas trop ce qui va nous arriver.

« Tout ce qui compte, c'est que nous soyons ensemble », me rappelle Mutti. Et elle a raison. Papa va s'occuper de nous. Il va décider où et comment nous allons vivre.

« D'ailleurs, ajoute mon père, il ne faudra sûrement pas attendre longtemps avant que notre numéro soit appelé pour les États-Unis. Nous devrons embarquer sur un autre navire, Salo. Es-tu prêt à reprendre la mer? »

Je m'esclaffe. Je ne veux pas penser à monter sur un autre navire! Pour l'instant, je veux juste regarder les longues cordes se faire lancer vers le quai et les marins se démener pour attacher le navire. Nos trois valises sont prêtes et posées à côté de nous. Des centaines de sacs et de boîtes sont alignés sur le pont, créant une course à obstacles pour les membres de l'équipage qui se précipitent dans tous les sens, accomplissant les dernières tâches qui leur incombent alors que le navire accoste. Papa me tient la main, comme il le faisait quand j'étais petit. Je sais que c'est un jour dont je me souviendrai toujours, le jour où nous avons atteint la sécurité. Je ne veux jamais oublier ne serait-ce qu'une seule chose de cette journée.

« Je vous souhaite bonne chance, *mein junger Herr.* » Un steward s'est arrêté devant moi. Il tend la main pour serrer la mienne. La pitié qui remplissait les yeux de la plupart des membres de l'équipage lorsqu'ils croyaient que nous retournions en Allemagne a disparu. Aujourd'hui, les stewards, les serveurs et les autres personnes qui sortent pour nous voir partir ont l'air aussi heureux que nous.

« *Danke* », je réponds, lui serrant la main.

Mon père ajoute : « Merci de nous tous. » Mutti reste silencieuse, mais ses yeux se sont à nouveau remplis de larmes de joie.

Une foule immense s'est réunie sur le rivage pour nous accueillir. Cela me rappelle les milliers de personnes qui se trouvaient sur le rivage à La Havane lorsque nous sommes arrivés au port. Mais cette fois, nous sommes proches de la foule. Je peux voir les visages des gens qui se sont rassemblés. J'entends les acclamations lorsque la passerelle est mise en place. Ici aussi, il y a des photographes qui prennent des photos de notre débarquement. Est-ce que cela ne fait que quelques semaines que d'autres ont pris des photos lorsque nous avons quitté Hambourg? J'ai l'impression que cela fait des mois.

Sur le pont du *Saint Louis*, les passagers observent l'entrée du navire dans le port d'Anvers, où 214 d'entre eux vont débarquer.

Croyez-le ou non, il y a des visages familiers dans la foule.

« Regardez! Mutti montre du doigt et crie avec excitation. C'est Lola et Simon. Vous les voyez? Ils nous envoient la main. »

Lola est la sœur de mon oncle Adolf. Je n'arrive pas à croire qu'il y a des membres de la famille pour nous accueillir en Belgique. Je lève le bras pour saluer Lola et son mari, criant jusqu'à en avoir mal à la gorge pour m'assurer qu'ils me voient et m'entendent. Maintenant, j'ai vraiment hâte de descendre du bateau, de sentir enfin la terre ferme sous mes pieds. J'ai envie de serrer mes proches dans mes bras. Mais avant que nous ne soyons autorisés à débarquer, les fonctionnaires de la Belgique doivent monter à bord du bateau et s'entretenir avec le capitaine. Je les vois grimper la passerelle. Ils disparaissent dans l'une des suites, nous laissant debout au bastingage, criant et hurlant vers les gens en bas qui continuent d'applaudir et de faire des signes en retour.

Il faut attendre des heures avant que les fonctionnaires ne finissent de discuter et que l'on entende enfin une annonce par le haut-parleur. Les noms des plus de deux cents passagers qui descendront les premiers du navire sont lus à haute voix. Nous ne tardons pas à entendre les nôtres. Nous prenons nos valises et marchons rapidement vers la passerelle. Certains passagers nous regardent avec un peu de jalousie, car c'est nous qui descendrons le plus tôt. Je vois mon ami Leon devant nous dans la file d'attente, et je suis heureux de savoir que lui et sa famille descendent aussi maintenant. Peut-être le reverrai-je dans les jours à venir. Je ne vois pas la fille aux cheveux noirs et bouclés dans le flot des gens qui se pressent pour descendre du bateau. Je me demande dans quel pays elle va se retrouver.

Ma dernière pensée avant de quitter le *Saint Louis* est la suivante : la Belgique ne se trouve qu'à environ 650 km de l'Allemagne. Mais pour arriver en Belgique, nous avons dû faire un aller-retour à Cuba, soit une distance de plus de 16 000 km! Quel long voyage pour arriver à un endroit si proche...

Je suis ma mère et mon père qui quittent le *Saint Louis* pour rejoindre la terre ferme.

Ce qui s'est finalement passé

ALORS QUE LE NAVIRE se dirigeait vers Anvers en Belgique, il ne restait plus qu'une seule décision à prendre, soit la répartition des passagers entre les quatre pays qui avaient accepté de les accueillir. Morris Troper avait promis d'essayer de garder les membres des familles ensemble s'il le pouvait. Pour le reste, c'était aux différents pays de décider quels passagers ils accueilleraient. Les passagers eux-mêmes n'ont pas eu leur mot à dire, même si beaucoup ont envoyé des messages à Morris Troper pour lui demander d'être envoyés dans tel ou tel pays.

Toutes ces négociations ne se sont pas déroulées sans heurts. En effet, les quatre pays se disputaient les passagers qui détenaient des numéros pour les États-Unis, en particulier ceux qui étaient les plus bas. Si leur séjour dans leur pays d'accueil était bref, cela n'allait pas trop peser sur les ressources de ce pays. Les décisions ont enfin été prises. La Belgique allait accueillir 214 réfugiés juifs, l'Angleterre 288, la France 224 et 181 iraient en Hollande. Ceux qui allaient rester en Belgique ont été les premiers à descendre à Anvers, suivis de ceux qui se rendaient en Hollande, et enfin de ceux qui se rendaient en France et en Angleterre.

En 1939, alors que le *Saint Louis* arrivait à Anvers, personne ne pouvait prévoir que les événements en Europe allaient se détériorer aussi rapidement. La Seconde Guerre mondiale, qui allait ravager le monde pendant les six années suivantes, était sur le point d'éclater. Alors que tous les passagers à bord pensent que leur vie est sauvée par les quatre pays qui acceptent de les accueillir, il s'avère que leur destin est déterminé par l'endroit où ils sont envoyés. Les quatre pays qui avaient offert un refuge sûr aux Juifs du *Saint Louis* ont fini par être impliqués dans la guerre, même si certains ont été en mesure de protéger les réfugiés mieux que d'autres[11]. Tous les passagers qui se sont rendus en Angleterre ont survécu à la guerre et nombre d'entre eux ont fini par rejoindre les États-Unis. Beaucoup de ceux qui sont allés en France ont également survécu, même si certains ont été internés dans des camps de concentration français et finalement transférés dans les camps de la mort en Allemagne. La plupart des réfugiés envoyés en Belgique et en Hollande ont péri dans les camps de la mort après avoir été envoyés au camp de transit de Westerbork. Lorsque le camp de Westerbork a ouvert ses portes en Hollande en 1939, les Juifs du *Saint Louis* ont été parmi les premiers détenus.

En fin de compte, on estime que plus d'un tiers des 907 réfugiés qui sont rentrés en Europe ont péri en raison de la campagne d'Adolf Hitler visant à débarrasser le monde de tous les Juifs. Leur mort n'était absolument pas nécessaire et aurait pu être évitée si un seul pays d'Amérique du Nord ou du Sud était intervenu pour aider les passagers du *Saint Louis*.

En l'an 2000, un certain nombre de survivants du *Saint Louis* ont été invités à un banquet organisé à Ottawa par des leaders chrétiens qui voulaient s'excuser pour le comportement du Canada à l'égard des réfugiés juifs en 1939. Parmi les personnes présentes se trouvait un pasteur baptiste nommé Douglas Blair, le petit-neveu de Frederick Blair, le directeur de l'Immigration que le premier ministre Mackenzie King avait autorisé à décider du sort des passagers du *Saint Louis*. Douglas Blair s'est adressé aux survivants en ces termes :

> *Je suis venu vous demander pardon pour le mal profond, très profond, qui vous a été fait. Je comprends très bien que mon nom n'est pas cher à votre cœur… me pardonnerez-vous et me laisserez-vous vous appeler mes amis*[12]*?*

Les passagers survivants du *Saint Louis* l'ont étreint après son discours.

Les survivants ont également reçu des excuses de la part du gouvernement américain, lorsque le 6 juin 2009, le Sénat des États-Unis a adopté la résolution 111, reconnaissant le 70e anniversaire du tragique voyage du *Saint Louis*. Cette résolution honore la mémoire de tous ceux qui se trouvaient à bord et, comme ils l'ont déclaré, reconnaît que cet anniversaire est l'occasion pour « les fonctionnaires et les éducateurs de sensibiliser les gens à un événement historique important, dont les leçons sont pertinentes pour les générations actuelles et futures »[13].

Lisa
Épilogue

LISA ET SA FAMILLE ont eu la chance d'être envoyées en Angleterre, où tous ceux qui venaient du *Saint Louis* ont survécu à la guerre. Le voyage vers l'Angleterre a cependant été difficile. Après avoir quitté le navire à Anvers, Lisa et sa famille sont montées à bord du *Rhakotis*, un cargo qui n'était pas adéquatement équipé pour accueillir des personnes. Lisa, ainsi que sa mère et sa grand-mère, se sont vu attribuer des lits superposés dans la cale du cargo, tandis que Phillip et les autres passagers masculins ont dû dormir sur le pont. Malgré ces conditions de couchage difficiles, tous les passagers du bateau étaient soulagés d'être là, en route vers ce qu'ils espéraient être un lieu sûr.

La famille est restée en Angleterre pendant six mois, vivant d'abord dans deux chambres à Londres. Un épais brouillard a enveloppé la ville pendant la majeure partie de cette période. En fait, il n'y a eu que quelques jours où Lisa a pu voir la ville! La mère de Lisa brûlait du charbon dans le foyer pour réchauffer leur appartement et cuisiner. Leur séjour à Londres n'avait rien à voir avec la vie aisée qu'ils avaient connue en Allemagne. Mais l'important, c'était qu'ils se trouvaient en sécurité et ensemble. Lorsque la Seconde Guerre mondiale a éclaté en septembre 1939, Lisa et sa famille ont déménagé dans une maison de chambres de la région du Devon, dans une petite ville appelée Yelverton. À l'époque, il était plus sûr de quitter Londres que de risquer d'y rester en pleine guerre. Même si leur logement à Yelverton était très simple, il y avait une immense prairie verte juste à côté de la maison de chambres où ils logeaient. Des chevaux se promenaient dans ce vaste champ et Lisa profitait de plus d'espace et de liberté qu'elle en avait connus depuis très longtemps. C'est là que les membres de la famille ont attendu que leur numéro pour les États-Unis soit tiré et qu'ils puissent enfin embarquer sur un navire en direction de l'Amérique.

Ce bateau a navigué sans incident et a accosté dans le port de New York au début de l'année 1940. Oncle Werner se trouvait sur le quai pour accueillir Lisa, Phillip, Mutti et Oma. De là, ils se sont rendus à Hackensack pour rejoindre le reste de la famille. Quatre ans plus tard, Lisa et sa famille ont déménagé à New York et ont vécu dans un quartier appelé Washington Heights. Leur rabbin de la *Hauptsynagoge* de Munich, le rabbin Baerwald, vivait à proximité. Pendant cette période, la mère de Lisa a travaillé dans

LISA J. FREUND
187 Pinehurst Ave.
WA 3-8220
Yearbook Art Ed., Sen. Show, Term Council, Guidance Sq., French Club, Girls' Intramurals.

La photo de Lisa dans son album des finissants à la fin de ses études secondaires.

l'industrie du vêtement, où elle faisait de la couture et travaillait souvent tard pour soutenir sa famille. Oma travaillait également comme femme de ménage et gardienne d'enfants. Lisa et Phillip sont tous deux allés à l'école. Lorsqu'il était à l'école secondaire, Phillip a été invité à participer à un programme scolaire animé par Eleanor Roosevelt, l'épouse du président Franklin D. Roosevelt. Lorsque Phillip lui a dit qu'il s'était trouvé à bord du *Saint Louis*, elle lui a répondu qu'elle était vraiment désolée. En 1951, après avoir obtenu son diplôme de fin d'études secondaires, Phillip s'est engagé dans l'armée américaine, où il a été dans le service actif pendant trois ans, puis dans la réserve jusqu'à sa retraite en 1991, avec le grade de colonel. Aujourd'hui, il vit avec sa famille dans le Wisconsin.

Lisa avait toujours voulu devenir architecte. Mais dans les années 1950, les femmes n'étaient pas admises dans les écoles d'architecture aux États-Unis ou au Canada. Finalement, elle a obtenu une bourse d'études du Collège Milwaukee-Downer, l'un des premiers établissements d'enseignement supérieur pour femmes, fondé par une descendante de Harriett Beecher Stowe dans les années 1850. Elle a ensuite fait des études supérieures à l'Université du Minnesota, puis à l'Institut pédagogique de l'Université Columbia à New York. Le périple de Lisa à bord du *Saint Louis* a influencé sa vie à bien des égards, notamment en l'incitant à faire campagne pour les droits de la personne. Elle s'est installée au Canada dans les années 1970, où son engagement à résoudre les problèmes qui préoccupent particulièrement les femmes l'a amenée à travailler pour le Congrès canadien pour la promotion des études chez la femme, puis pour un programme d'aide aux personnes ayant perdu leur emploi à la suite de la fermeture d'usines dans lesquelles elles avaient travaillé. Lisa a été une leader active au sein du Conseil national des femmes du Canada et a publié de nombreux articles sur le travail, les femmes et l'éducation.

Lisa vit à Toronto et a deux enfants adultes et cinq petits-enfants. Elle est également une tisserande accomplie[14].

Lisa passait du temps sur son métier à tisser, chez elle, à Toronto, en Ontario.

SOL
Épilogue

LA PLUPART DES RÉFUGIÉS juifs du *Saint Louis* assignés à rester en Belgique n'ont pas survécu à la guerre. Sol et ses parents font partie des quelques chanceux qui ont survécu, même si leur périple après leur arrivée à Anvers a été très difficile. Sol et sa famille ont pris le train pour Bruxelles, où ils ont vécu dans un appartement d'une pièce. L'une des conditions d'entrée en Belgique était que les réfugiés n'étaient pas autorisés à travailler, et il était donc difficile pour la famille de gagner ne serait-ce qu'un peu d'argent pour se nourrir et acheter les produits de première nécessité. Le 10 mai 1940, les Allemands ont envahi la Belgique et cinq jours plus tard, ils se trouvaient à 24 km de Bruxelles. Sol et ses parents savaient qu'ils devaient partir.

Ils sont arrivés à Paris en plein chaos. Beaucoup essayaient désespérément de partir, de peur que la ville ne soit bombardée par les nazis, qui allaient bientôt envahir la France. Sol et ses parents ont fui vers le sud, presque jusqu'à la frontière espagnole, et ont trouvé refuge dans les Pyrénées. Ils ont

vécu dans un petit village pendant deux ans, se cachant des nazis. Mais en octobre 1940, ils ont été arrêtés et emmenés au camp de détention d'Agde. Les conditions de vie y étaient misérables. Il y avait peu de nourriture, les logements étaient surpeuplés et sales, et il y avait des poux, des maladies et la mort. Les femmes et les enfants étaient séparés des hommes, de sorte que Sol et sa mère se trouvaient dans un baraquement avec des centaines d'autres personnes, tandis que son père avait été placé dans une autre partie du camp.

Une veille de Noël, plusieurs mois après leur arrivée à Agde, Sol et sa mère sont parvenus à s'échapper lorsque les soldats français qui gardaient le camp s'étaient enivrés et avaient abandonné leur poste. Mais comme le père de Sol se trouvait dans une autre partie du camp, Sol et sa mère ont été obligés de partir sans lui. Ils se sont rendus dans la petite ville où ils avaient vécu avant leur arrestation. Un enseignant gentil et généreux qui se souvenait d'eux a accepté de les héberger. Quelques jours plus tard, le père de Sol s'est échappé et les a rejoints. C'est dans cette petite ville que Sol a retrouvé Leon Silver, le garçon qui s'était lié d'amitié avec lui à bord du *Saint Louis*. Leon et ses parents s'étaient également échappés d'Agde.

La famille de Sol vivait dans la crainte constante d'être à nouveau arrêtée. Le père de Sol avait réussi à trouver du travail comme tailleur, ce qui leur permettait d'acheter juste assez de nourriture pour survivre. Au printemps 1942, leur numéro pour les États-Unis a finalement été tiré et le père de Sol s'est rendu à Marseille où il a pu obtenir leurs visas pour l'Amérique. Des proches aux États-Unis leur a envoyé de l'argent pour acheter

GAUCHE : Sol tient une photo de lui enfant. Il vit à Buffalo, dans l'État de New York.

des billets sur un bateau appelé le *Serpa Pinto* en partance pour New York. Ce cargo n'avait rien à voir avec le luxueux *Saint Louis*, et Sol a eu le mal de mer dès le départ du bateau jusqu'à son arrivée à New York.

Des membres de la famille étaient présents pour les accueillir. Sol et ses parents sont restés un mois à New York, puis se sont rendus à Buffalo pour retrouver tante Frieda, oncle Adolf et cousine Edith. Ils avaient réussi à entrer aux États-Unis depuis Cuba. Sol a finalement été diplômé de l'école de médecine de l'Université de Buffalo. Il a servi dans l'armée américaine en tant que pathologiste. Il vit toujours à Buffalo et participe activement à la vie de la communauté des survivants du *Saint Louis* qui vivent dans le monde entier.

Quelques années après son arrivée en Amérique, Sol a découvert le sort de son ami Leon Silver. Les parents de Leon avaient été arrêtés par la police française et déportés au camp de concentration d'Auschwitz. L'enseignant qui avait recueilli Sol et d'autres après leur évasion du camp de détention d'Agde avait réussi à cacher Leon et à le mettre en sécurité. Mais ses parents lui manquaient tellement qu'il s'est rendu à la police. Il a rejoint ses parents à Auschwitz et y a péri avec eux.

Qu'est-il advenu des autres?

Max Loewe, l'homme qui a tenté de se suicider en sautant par-dessus bord alors que le *Saint Louis* était ancré près de La Havane, a survécu. Sa femme et ses enfants ont regagné l'Europe à bord du *Saint Louis* et ont eu la chance d'être envoyés en Angleterre. Ils n'ont pu obtenir aucune information sur Max jusqu'en 1940, date à laquelle il a été libéré d'un hôpital cubain et a réussi à rejoindre sa famille à Londres. Max est décédé en 1942 des suites d'une maladie cardiaque.

Aaron Pozner, l'ancien prisonnier de Dachau qui se trouvait à la tête du groupe qui a échoué à détourner le *Saint Louis*, s'est trouvé assigné à la Hollande. Il a été interné dans le camp de transit de Westerbork lorsque la guerre a éclaté. Aaron a finalement été transporté au camp de la mort d'Auschwitz, en Allemagne, où il a péri.

Otto Schiendick, le membre de l'équipage qui était à bord du *Saint Louis* en tant qu'espion de la Gestapo, a continué à travailler pour la police secrète allemande pendant la guerre. En 1945, lorsque les troupes britanniques ont occupé Hambourg, Shiendick y travaillait au Centre des messages de la Gestapo. Au cours du siège qui a suivi, il a été abattu alors qu'il tentait de s'enfuir.

Morris Troper, l'homme qui a négocié avec les gouvernements anglais, hollandais, belge et français l'accueil des passagers du *Saint Louis*, a continué à travailler pour le JDC. Pendant plusieurs années au cours de la Seconde Guerre mondiale, il a contribué à coordonner les secours aux Juifs qui tentaient d'échapper à l'Europe nazie. En 1942, lorsque les États-Unis sont entrés dans la bataille, Troper a démissionné du JDC et s'est engagé dans l'armée américaine, où il a atteint le grade de brigadier-général. Il a quitté l'armée en 1946 et a repris son travail, aidant à réinstaller les Juifs qui avaient été déplacés pendant la guerre. Il a pris sa retraite en 1949, à l'âge de 57 ans, et est décédé en 1962.

Comme le *Saint Louis*, le *Flandre*, navire français transportant 104 passagers, et l'*Orduña*, navire britannique transportant 72 passagers, n'ont pas été autorisés à accoster à Cuba. Le *Flandre* a été contraint de retourner en France où tous ses passagers ont été internés par le gouvernement français. Il est probable que beaucoup d'entre eux ont péri dans les camps de la mort pendant la guerre. Les autorités cubaines ont autorisé un certain nombre de passagers de l'*Orduña* qui possédaient des permis de séjour valides à entrer à Cuba. Pendant des semaines, l'*Orduña* a navigué vers divers ports d'Amérique du Sud, à la recherche d'un refuge pour les passagers qui restaient. Le capitaine de l'*Orduña* a fini par entrer en contact avec un représentant du Jewish Welfare Board américain, en poste au canal de Panama. Il a réussi à négocier le débarquement des derniers passagers de l'*Orduña* à Balboa, une ville de la zone du canal. Plusieurs d'entre eux ont été acceptés par le Chili, tandis que les autres ont finalement été admis aux États-Unis.

Le *Saint Louis*, le navire qui avait accueilli les réfugiés juifs pendant leur voyage vers l'Amérique du Nord et leur retour en Europe, a été gravement endommagé en 1944 lors d'une attaque de la Royal Air Force britannique. À la fin de la guerre, le navire a été partiellement restauré et utilisé comme hôtel flottant. Mais en 1950, il a été détruit et vendu à la ferraille.

Et qu'est devenu le capitaine Gustav Schroeder? Une fois que ses passagers ont débarqué à Anvers, le capitaine a reçu l'ordre de réapprovisionner le navire et de le diriger vers New York pour entamer les croisières d'été vers les Caraïbes. Le navire se trouvait en mer lorsque la guerre a éclaté le 3 septembre 1939, et le capitaine Schroeder n'est parvenu à le ramener à Hambourg qu'en janvier 1940. Cela a été le dernier voyage du capitaine. À la fin de la guerre, le capitaine Schroeder a essayé de gagner sa vie en tant qu'écrivain, mais il a éprouvé des difficultés financières. De nombreux anciens passagers du *Saint Louis* lui ont envoyé de la nourriture et des vêtements pour l'aider dans ses dernières années. Deux ans avant sa mort, en 1959, Gustav Schroeder a reçu une médaille du gouvernement de l'Allemagne de l'Ouest pour tout ce qu'il avait fait pour sauver la vie des passagers du *Saint Louis*. Le 11 mars 1993, Yad Vashem, le centre de commémoration de l'Holocauste en Israël, a reconnu le capitaine Schroeder comme Juste parmi les nations, sa plus haute distinction pour les chrétiens qui ont sauvé des Juifs pendant l'Holocauste.

En janvier 2011, un monument commémoratif du voyage du *Saint Louis* a été inauguré à Halifax, en Nouvelle-Écosse. La *Wheel of Conscience* (*roue de la conscience*), conçue par l'architecte Daniel Libeskind, vise à sensibiliser le public à la décision du Canada de refuser l'entrée aux réfugiés juifs qui se trouvaient à bord du naivre. Le monument est situé

La *Wheel of Conscience* (*roue de la conscience*), au Quai 21 de Halifax, en Nouvelle-Écosse, est un monument commémoratif du voyage du *Saint Louis*.

dans le Musée canadien de l'immigration du Quai 21, là où le navire aurait accosté si le gouvernement l'avait autorisé à le faire.

Un discours prononcé à propos de ce monument commémoratif déclarait :

> *Même si l'exposition (évoquera) des souvenirs douloureux d'une époque beaucoup moins tolérante, il est nécessaire de le faire pour s'assurer qu'un événement similaire ne se reproduise jamais*[15].

Note de l'autrice

Lisa et Sol étaient de très jeunes enfants lorsqu'ils ont navigué avec leurs familles à bord du *Saint Louis*. Ils ont tous deux des souvenirs très précis de ce voyage, de l'attente interminable dans le port de La Havane et de l'angoisse du retour en Europe. J'ai essayé de retranscrire ces souvenirs dans ce livre. De plus, il y a eu des décisions et des négociations dont les passagers n'étaient pas au courant et dont seuls le capitaine et d'autres responsables avaient connaissance. J'ai reconstitué ces moments dans les chapitres intitulés « Ce que savait le capitaine ». J'ai également ajouté et embelli certains moments pour les besoins du récit. Bien que les événements relatés ici se soient réellement produits, Lisa et Sol n'étaient pas nécessairement présents pour en être les témoins.

Remerciements

Je suis stupéfaite lorsque je découvre des histoires traitant de l'Holocauste qui ne sont pas encore connues. C'est ce que j'ai ressenti lorsque j'ai commencé à faire des recherches sur les événements du *Saint Louis*. Son périple m'était familier pour avoir vu le film *Le voyage des damnés* des années auparavant. Mais j'étais certaine que cette histoire serait nouvelle pour le jeune lectorat. Et je savais que la question des endroits où les réfugiés sont autorisés à aller pour se mettre à l'abri des guerres qui sévissent à l'intérieur de leurs frontières trouverait écho même aujourd'hui. Le défi consistait à donner vie à cette histoire. C'est alors que j'ai eu le privilège de rencontrer Lisa Avedon et Sol Messinger et j'ai alors su que j'avais trouvé le moyen de faire le récit de ce périple.

Lisa et Sol ont eu la gentillesse de m'ouvrir leur maison et de me faire remonter le temps jusqu'à leurs souvenirs d'enfance en Allemagne au début du règne d'Hitler et à leur fuite à bord du *Saint Louis*. Ils continuent à être actifs auprès des personnes qui ont eu la chance de survivre à la guerre après le retour du *Saint Louis* en Europe et ils continuent[16] à partager leurs expériences en tant qu'enfants à bord du navire. Je leur suis redevable à tous les deux et je reste admirative devant leur courage, leur force et leur passion.

L'une des choses que j'aime le plus dans les remerciements est d'avoir l'occasion, une fois de plus, de remercier publiquement Margie Wolfe de Second Story Press pour ses encouragements indéfectibles et son soutien constant envers mes écrits. Ses connaissances, sa passion et son énergie m'étonnent sans cesse et je lui suis reconnaissante pour ses conseils et son amitié. Il s'agit de mon huitième livre chez SSP et j'espère qu'il y en aura encore beaucoup d'autres!

Un grand merci à Sheba Meland pour sa révision méticuleuse et assidue du manuscrit. Cela a été un plaisir de travailler avec toi. Merci également à Carolyn Jackson pour les révisions additionnelles, à Emma Rodgers pour son travail acharné à faire la promotion de tous mes livres incluant celui-ci, à Melissa Kaita pour la magnifique conception graphique et à Phuong Truong pour s'être occupée de tous les besoins opérationnels. Je suis également redevable au Conseil des arts de l'Ontario d'avoir soutenu ce livre grâce à une subvention très appréciée.

Tout mon amour et ma gratitude à mon mari, Ian Epstein, et à mes enfants, Gabi et Jake Epstein, qui m'ont toujours encouragée et soutenue de tant de manières.

Notes de fin

1 www.jewishvirtuallibrary.org/jsource/Holocaust/stlouis
2 Voyage to Doom: www.paperpen.com/heritage/350/look/look2.htm
3 Gordon Thomas et Max Morgan Witts, *Voyage of the Damned*, Édition Stein and Day, New York, 1974, p. 176.
4 Ibid, p. 212
5 Ibid, p. 224
6 *Isla de la Juventud* se traduit par île de la Jeunesse. Elle a été rebaptisée en 1978, elle s'appelait auparavant île des Pins.
7 Site Web de l'American Jewish Historical Society : www.ajhs.org/scholarship/chapters/chapter.cfm?documentID=303
8 www.narrow-gate.net/jeffking/archives
9 Gordon Thomas et Max Morgan Witts, *Voyage of the Damned*, Édition Stein and Day, New York, 1974, p. 262.
10 www.paperpen.com/heritage/350/look/look2.htm
11 L'Angleterre et la France ont déclaré la guerre à l'Allemagne en septembre 1939. L'Allemagne a attaqué et envahi la Hollande et la Belgique en mai 1940.

12 www.narrow-gate.net/jeffking/archives

13 www.thestlouisproject.com

14 Note sur l'édition : Lisa Avedon est décédée en 2015.

15 Jon Goldberg, directeur général, Atlantic Jewish Council, 5 novembre 2009, www.gov.ns.ca/news/details

16 Note sur l'édition : Lisa Avedon est décédée en 2015.

* *Manchester Guardian*, 23 mai 1936, cité par A.J. Sherman, *Island Refuge, Britain and the Refugees from the Third Reich, 1933–1939*, (Londres, Elek Books Limited, 1973), p. 112.

Mention de sources

Photos de couverture : Photos de la famille de Sol, avec l'aimable autorisation de Sol Messinger, toutes les autres photos proviennent du Musée Mémorial de l'Holocauste des États-Unis.

page 4 : Musée Mémorial de l'Holocauste des États-Unis, avec l'aimable autorisation d'Herbert et Vera Karliner

page 6 : Avec l'aimable autorisation de Lisa Avedon

page 8 : Musée Mémorial de l'Holocauste des États-Unis, avec l'aimable autorisation de Betty Troper Yaeger

page 9 : Avec l'aimable autorisation de Lisa Avedon, photo prise par Kathy Kacer

pages 12–22 : Toutes les photos sont avec l'aimable autorisation de Sol Messinger

page 26 : Avec l'aimable autorisation de Lisa Avedon

page 28 : Avec l'aimable autorisation de Lisa Avedon, photo prise par Kathy Kacer

page 30 : Musée Mémorial de l'Holocauste des États-Unis, avec l'aimable autorisation de Gerri Felder

page 32 : Avec l'aimable autorisation de Lisa Avedon

page 39 : Musée Mémorial de l'Holocauste des États-Unis, avec l'aimable autorisation d'Herbert et Vera Karliner
page 41 : Musée Mémorial de l'Holocauste des États-Unis, avec l'aimable autorisation d'Herbert et Vera Karliner
page 46 : Musée Mémorial de l'Holocauste des États-Unis, avec l'aimable autorisation d'Herbert et Vera Karliner
page 47 : Musée Mémorial de l'Holocauste des États-Unis, avec l'aimable autorisation d'Herbert et Vera Karliner
page 54 : Musée Mémorial de l'Holocauste des États-Unis, avec l'aimable autorisation de Fred [Fritz] Vendig
page 56 : Avec l'aimable autorisation de Sol Messinger
page 62 : Musée Mémorial de l'Holocauste des États-Unis, avec l'aimable autorisation de Fred Buff
page 70 : Musée Mémorial de l'Holocauste des États-Unis, avec l'aimable autorisation de Fred Buff
page 73 : Musée Mémorial de l'Holocauste des États-Unis, avec l'aimable autorisation de Fred Buff
page 75 : Avec l'aimable autorisation de Sol Messinger
page 86 : Musée Mémorial de l'Holocauste des États-Unis, avec l'aimable autorisation de Fred [Fritz] Vendig
page 90 : Musée Mémorial de l'Holocauste des États-Unis, avec l'aimable autorisation de Fred [Fritz] Vendig
page 100 : Musée Mémorial de l'Holocauste des États-Unis, avec l'aimable autorisation de Fred [Fritz] Vendig
page 102 : Avec l'aimable autorisation de Lisa Avedon
page 110 : National Archives and Records Administration (Administration nationale des archives et des documents), College Park, Maryland, États-Unis

page 112 : Avec l'aimable autorisation de Sol Messinger

page 116 : Musée Mémorial de l'Holocauste des États-Unis, avec l'aimable autorisation de Betty Troper Yaeger

page 119 : Musée Mémorial de l'Holocauste des États-Unis, avec l'aimable autorisation de Liesl Joseph Loeb

page 128 : Avec l'aimable autorisation de Sol Messinger

page 146 : Musée Mémorial de l'Holocauste des États-Unis

page 155 : Avec l'aimable autorisation de Sol Messinger

page 160 : Musée Mémorial de l'Holocauste des États-Unis, avec l'aimable autorisation de Betty Troper Yaeger et Musée Mémorial de l'Holocauste des États-Unis, avec l'aimable autorisation de Milton Koch

page 164 : Musée Mémorial de l'Holocauste des États-Unis, avec l'aimable autorisation de Dre Liane Reif-Lehrer

page 166 : Musée Mémorial de l'Holocauste des États-Unis, avec l'aimable autorisation de Betty Troper Yaeger

page 171 : Musée Mémorial de l'Holocauste des États-Unis, avec l'aimable autorisation de Betty Troper Yaeger

page 178 : Avec l'aimable autorisation de Lisa Avedon

page 180 : Avec l'aimable autorisation de Lisa Avedon, photo prise par Kathy Kacer

page 182 : Avec l'aimable autorisation de Sol Messinger, photo prise par Kathy Kacer

page 188 : Avec l'aimable autorisation de Soheil Mosun Limited

page 199 : L'autrice Kathy Kacer, photo prise par Negin Sairafu

Au sujet de l'autrice

KATHY KACER a écrit de nombreux livres sur l'Holocauste, dont six autres dans la série de livres commémoratifs sur l'Holocauste pour jeunes lecteurs : *The Secret of Gabi's Dresser*, *The Night Spies*, *Clara's War*, *The Underground Reporters*, *Hiding Edith* et *The Diary of Laura's Twin*. Ancienne psychologue, Kathy a voyagé dans le monde entier pour parler aux jeunes de l'importance de se souvenir de l'Holocauste. Elle s'adresse également aux adultes sur la manière d'aborder des sujets sensibles avec de jeunes enfants. En 2010, elle a publié son premier livre pour adultes : *Restitution: A family's fight for their heritage lost in the Holocaust*. Kathy vit à Toronto avec sa famille.

Visitez le site Web et le blogue de Kathy à l'adresse suivante : www.kathykacer.com (en anglais seulement).